茅ヶ崎の公民館づくり運動

地域に教育と文化を

社会と私の交差点

西山正子

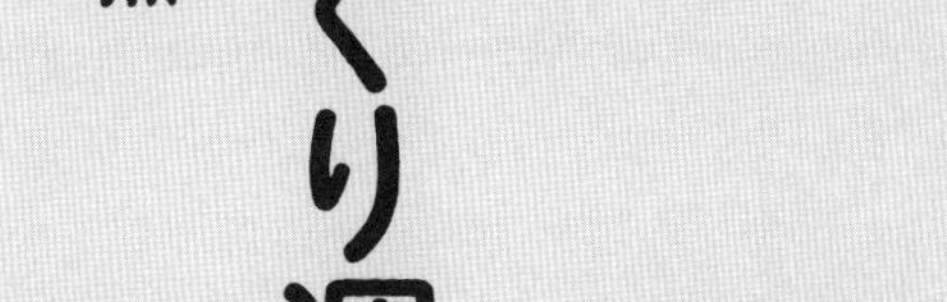

旬報社

まえがき

私、西山正子は1936年11月25日に鎌倉で生まれました。後に妹が生まれ、女ばかり4人姉妹の3番目。おとなしく、泣き虫で目立たない少女でした。

物心ついたときに戦争がやってきた。1941年12月8日、日本は太平洋戦争に突入。

戦争をはさんで1949年に小学校を卒業し、1959年に大学卒業後、勤めをしながら、1961年には結婚して、茅ヶ崎市に住むようになりました。1970年に長男が幼稚園に入園する頃に新聞への投書を始め、同時に、家庭文庫、地域の読書サークルを立ち上げました。1972年頃から、地域文化づくり運動を始め、1974年には、地域の文庫活動の代表になりました。

翌年の1975年に市教育委員会の市民教養講座を受講。公民館の存在のありがたさを確信し、公民館の建設への要望書を出すことになり、市民学習グループ「公民館について勉強する会」を結成して、その運営委員長となりました。翌年3月にはその会の運営委員長を他の会員に譲り、4月には運動体としての「茅ヶ崎市に公民館をつくる会」を作りました。

この公民館づくり運動から1980年5月、茅ヶ崎市に第1号公民館「小和田公民館」が誕生しました。その後も運動は続き、1995年6月には「茅ヶ崎市に公民館をつくる会」から「茅ヶ崎の社会教育を考える会」に名称を変更し、今日も続いています。

小さい子どもがいても勉強したいと母親たちが公民館建設運動に立ち上がり、議員を動かし、行政を動かし公民館建設に踏みきらせることができました。公民館が開館から40数年の歳月を経た今日、その運動の足跡と、その道に至る私の歩みを重ね、いかに社会教育と結びついていったか記録しておきたいと思うようになりました。

今まで発表した原稿をもとに、本書をまとめました。I部は私の自分史です。子育てしながら、公民館活動の下地になる文庫活動・図書館活動を始めました。II部が公民館づくりの運動とそのなかで公民館の実践活動をまとめてみました。このなかには、私一人の実践というより、公民館づくりに燃えた仲間との共同のなかから生み出されたものになります。Ⅱ部は当時の原稿をそのまま生かしたことから、重複する内容になっているところもあることをお断りいたします。そしてⅢ部は、公民館づくりにつながる地域で取り組んできた私の活動の記録であり、あわせて私個人のあゆみを重ねてみることにしました。

それぞれの論稿の執筆時期がわかるよう、出典を文末に明記しています。

◆目次

I　公民館づくり運動に至る私の前史

第1章　私の戦後

1．1945年　敗戦の年

１９４５年3月10日の東京への空襲を東京大空襲というが、東京は、その前の年の11月24日以降１０６回の空襲を受けている。3月の大空襲では、死者数9万５０００人以上、罹災者１００万人を超えた。鎌倉のわが家も防空壕を掘れと言われ、掘ったものの、もともと田んぼだった土地を宅地にしていたため、水が湧き、防空壕は水浸し、使用不能となった。

警戒警報や空襲警報のサイレンが鳴るたびに、不安な日々を過ごしていたが、食べ物はますますなくなり、ひもじい日々が続いた。

この年の4月、私は鎌倉市立第一国民学校の3年生になり、妹は、1年生に入学した。戦争中の思い出として、私がまず、ひもじさを挙げると、長姉は「マーちゃんは大げさだね。お母さんは子どもたちにそんなひもじい思いはさせなかったよ。お母さんは、お弁当だってちゃんとつくってくれたしさ」と言った。私は何か思い違いをしているのだろうか。この意識の差は何なのだろう。私は長年、考えあぐねていた。姉2人は女学校と国民学校5年生だったので、母は陸軍兵器学校の教員だった父と子ども2人の分、計3人分のお弁当をこしらえていた。いもご飯にしろ、菜っ葉ご飯にしろ、弁当箱に入れられるものを母は用意していた。私と妹は低学年なので弁当はなく、家に帰ってから昼ご飯を食べた。家で食事をする者は、水分が多い雑炊やすいとんやいもだった。それで、すぐお腹が空いてしまうのだ。一緒に食事をしていた祖母が、「あんたたちはかわいそうだね。お腹いっぱい食べられることがないのだから」とよく言ったものだった。私は、自分がよほど不幸でかわいそうな子だと思い、涙をこぼしたりした。姉と私の感じ方の違いは、ご飯を食べた者と雑炊などを食べた者の相違なのだと、数年かかってやっと私は納得したのだった。

国民学校の学校生活は、楽しいものではなかった。今だったら不登校になっていただろう。綿を入れた防空頭巾は毎日持って行かなくてはならなかったし、登校班があって、高学年の班長の言うことをきかないと怒られるし、校門を入ると奉安殿（天皇陛下のご真影、つまり写真が入っている）に最敬礼をしなければならなかった。2年生の3学期に雪が降り、私は風邪をひいて欠席したが、担任の先生が、体を鍛えようといって、クラス全員に裸足で校庭を走るよう命令したそうで、出席していた10人ほどの生徒は裸足になって雪の校庭を走ったそうな。あまりの寒さと冷たさで、全員が泣き出し、先生も謝って中止にしたそうだ。翌日、登校した私は、その話を聞き、前日休んでよかったと思った。何しろ、栄養が足りない私は、手も足も霜焼けだらけだったから。

鎌倉の国民学校の生徒だった私たちは、鎌倉鶴ケ岡八幡宮まで修身の教科書をもらいに行った。その帰り道、おしゃべりをしていたからと、別のクラスの女の先生から「この列から後ろの生徒は学校に帰らなくていいから」と言われ、道端に置き去りにされた。あとから来た高学年の男の先生が、事情を聴いて学校まで連れて帰ってくれた。先の女の先生は、私たちに反省をせまり、全員に往復ビンタを食らわせた。もちろん、私もぶたれた。私はおしゃべりをしていなかったが、連帯責任だというのだ。軍隊と同じだった。敗戦後、疎開先から帰った私は、その女の先生のクラスに入れられた。悪いと思ったが、その先生にはどうしても馴染めなかったし、反抗的な態度をとった。まもなく、その先生は結婚することになり、学校を辞められた。戦時中の女の先生は、やたら突っ張っていた。男の先生に負けまいとする気持ちだったのかもしれないが、男の先生より女の先生の方がこわかった。

当時、私は内気で、弱虫で、泣き虫だった。ただ見るべきところは、しっかり見ていたのである。姉たちが、私につけた仇名は「こどな」。子どもなのに大人みたいな子、という意味だった。

1945年5月29日、この日、米軍のB29が517機。P51戦闘機101機が横浜に来襲、焼夷弾をバンバン落とした。わが家の2階の北の窓から空を見ると、花火のように落ちていく焼夷弾が見え、思わず「ああ、きれいね！」と声をあげた。今でも、あの時の光景は、はっきりと脳裏に刻まれている。この時、8000人〜1万人の方がなくなり、負傷した人は約1万2000人だったそうだ。夫は妹と、水につけた布団を被って逃げた、と言っていた。空襲の翌日、横浜で焼けだされた親戚の者が、鎌倉へ避難してきた。空爆で焼けたお米を土産として持ってきてくれたが、しばらくぶりの米とあって喜んで炊いて食べたものの、けむり臭くて、とても食べられるような代物ではなかった。

中学生になって、家庭科の女の先生が、横浜大空襲で火の中を逃げまどったときのやけどのあと、首や腕のケロイドを私たちに見せながら、その時の様子を話してくださった。私は、ひとことも聞きもらすまいと、身を固くして、その体験を聞いたのだった。

いよいよ鎌倉もやられるのか。父母は、母の妹が住む新潟県南蒲原郡の羽生田《はにゅうだ》に、祖母と私たち4人姉妹を疎開させることにした。切符を手に入れるのも日数がかかった。横浜の空襲から1週間くらい経っていたが、電車が保土ヶ谷駅で停まった時、まだ電柱がくすぶっていた。乗り換えの上野駅では浮浪児を見かけた。父母や家族を失った子どもたちがかわいそうでならなかった。新潟に向かう汽車は、ものすごい混雑で、トイレにも人がいたので、小千谷駅で長く停車した時に窓から飛び出してホームで排便をした。大人もそうしていた。でも周りの人がどんなかっこうで排便しているのか観察する暇なんてなかった。とにかく急いで列車に戻り居場所を確保しなければならなかったのだ。

（日本有権者同盟『語り継ぐ戦争の記憶』（アーバンプロ出版センター、2015年）に加筆）

2．1946年　敗戦の翌年

私たちは鎌倉に戻ってきたが、わが家には父の弟たち家族が、焼け出されて住んでいて、共同生活が何年か続いた。戦時中から戦後にかけて、自分の家族だけでいられたことはなかった。いつも何家族かとの共同生活。だから、私はそういう生活には慣れていた。今、独りになって、自由ではあるが、少しさみしい。

父は戦時中、淵野辺の陸軍兵器学校の教官をしていたが、戦後はすぐに職が見つからず弟たちと一緒に米の担ぎ屋などをし、それを闇市で売ったりして、とにかく家族を養うのに必死だった。この時よく一緒に米の担ぎ屋をしていた弟である叔父（牧師であった）は栄養失調で倒れ、父が工面したペニシリンを病院に届けた時は亡くなっていた。叔母は幼稚園の先生をして働いていたが、4人の子どもを育てるのが大変で、一番年下の女の子をハワイの子どものいない夫婦の養女にした。叔母はそのことで、よく相談に来ていたが、叔母としては、男の子3人、その下のたった1人の女の子を養女にしたくなかったに違いない。でも、仕方なかったのだ。

父の一番下の弟は、結婚していなかったので、南方から復員してきて、わが家にいっしょに住んでいた。その叔父がマラリアになったのである。マラリアとは熱帯、亜熱帯に分布する原虫感染症で、南方からの復員兵は、やられることが多かった。叔父は40度以上の発熱で、ガタガタと震えていた。医師が来て、尻に太い注射を打って、ようやく熱が下がった。

私は幼い頃は体が弱く、すぐに風邪をひいたが、疎開先の自然の中での生活を経て、すっかり丈夫になっていた。けれど体育オンチの私は、縄跳びはうまく飛べない、かけっこはのろい、鉄棒の逆上がりはできない、ドッジボールはすぐ当たり、投げるのは下手、というぐあいで運動会は大嫌いだった。

学校の校庭に、長い棒がたくさんぶら下がっている遊具があって、この棒にぶら下がってブランコのように揺する。クラスにKという運動神経抜群の女の子がいた。彼女と私が、この棒にぶら下がっていると、顔見知りの男の子が来て「どっちが長くぶら下がっていられるか競争してみろよ」とそそのかした。私はやりたくなかったが、仕方ない。私たちは同時に棒に取りついた。その男の子は私を見て「こいつが負けるな」と言った。その言葉は私に火をつけた。相手が手を離すまでは絶対に手を離さないぞ。長いこと2人は棒にしがみついていたが、とうとう相手が手を離し、私は勝ったのだ。私は「やれば、できる」という確信を持つに至った。

4年生になって、受け持ちが以前、私に往復ビンタをくらわした女先生になった時は絶望的だったが、結婚されることになり退職された。代わってH先生という20代の若い男性がやってきた。本当に良い先生だった。私は人の好き嫌いが激しく、嫌いな人とは口をきくのも嫌だった。今はそんなことはないのだが。

当時、先生が読んでくださった宮沢賢治の「風の又三郎」「雨ニモマケズ」の詩、アンデルセンの「みにくいあひるの子」などの童話は、今でもはっきり覚えている。

先生は私たちに、詩を作ること、作文を書くこと、本を読むことなどを教えてくださった。文章を書くのに擬人化といって夏目漱石の「吾輩は猫である」のように猫になったつもりで書くのもよい、というように細かく教えてくださった。

私は文章を書くのが嬉しくて楽しくて、どんどん書いた。先生が赤ペンで添削したり感想を書いてくださるのが楽しみだった。先生は、特に私に目をかけてくださったように思う。私1人を何回か東京の教文館に連れて行ってくださり、私が読みたい本を買ってくださって、それを学級文庫に置いてくださった。

戦後のこともあり、先生の服装といえば、カーキ色の詰襟だった。

クラスの中に、戦災で家族を失い、養い親にもらわれてきた男の子がいた。その養母は給食費を払ってくれなかった。給食と言っても、ララ物資の粉ミルクをお湯でとかしたものだけで、たまに、その中に鮭缶が入ることもあった。先生は彼の給食費を自分の給料から払い、自分の弁当を分けてあげていた。彼は遠足の時も何も持って来なかった。私の母は、遠足の時はおやき（フライパンでメリケン粉を水でといて焼いたもの）を2人分作って、1人分を彼にあげるように言った。

当時、傷痍軍人が物乞いする姿がよく見られた。カーキ色の軍帽を前に置いて頭を下げていた。その姿を見るたびに母は私たちに小銭を握らせて、軍帽に入れるように促した。義足を外して、それを脇に置き、頭を垂れる姿を見るのは、たまらなかった。なんで、戦争に行って戦って障がい者になった人を助けないのだろう。政府は何をしているのか。そのことも私は作文に書いた。

先生はケント紙に「人のための人になりましょう」と書いて、黒板に貼った。人のための人になるには、どうしたらよいかを絶えず考えるようになった。

先生は私を映す鏡だった。彼は、私に「真実ノート」を書くように言われた。真実ノートとは、自分の心を振り返って、嘘いつわりのない真実を書き記すというものだった。自分の行動の間違いや心の在り方を見つめる大変な作業で、私のイヤなところ、知られたくない心の闇を白日にさらす作業で、苦しいことでもあった。でも私は先生に応えようと一生懸命書いた。

放課後のある時、私が教室に入ると、泣き声がする。それは教室の隅の掃除道具を入れる三角戸棚からだった。戸棚の前に、悪ガキの男の子が2人、椅子に座っていた。私は、「何やってんだ。開けろよ！」と乱暴に怒鳴って、扉を開けさせた。なかから2人の女の子が泣きながら出てきた。「謝れ！」と私は、男の子たちを女の子たちに謝らせたのだった。このことは早速、詩に仕上げた。詩はどこにでも転がっている、ということを実感した。

その頃、男の子の間では野球が流行っていた。私も時々ミットを借りてキャッチボールをすることがあった。ある時、高く上がったフライを取ろうとピッチャーとキャッチャーがボールに向かって突進し、2人は激しくぶつかった。キャッチャーの歯がピッチャーの額に突き刺さり、ピッチャーは気絶した。その時、彼は「お母さん！」と叫んだそうである。キャッチャーは歯がガタガタになり、翌日はマスクをして登校した。ピッチャーは何日か休んだ。彼はものすごいいたずら小僧で、いじめっ子だった。東京大空襲で両親を亡くし、兄と一緒に鎌倉の材木座の親戚に引き取られていたのだ。彼のいたずらやいじめは、寂しさの裏返しなのかもしれないと思った。私は両親が生きていてくれて幸せだと心から感謝した。

私たちの学校には英語専門のK先生がいた。その先生の英語はアメリカ人並みだった。英会話を教えてくださった。4、5、6年生の学級委員の集まりだったかにオブザーバーとして出席された先生は、なかなか意見がまとまらない時、子どもたちのなかから「多数決で決めよう」という声があがった。先生は「民主主義というのは多数の意見だけで決めるのではないよ。反対の人の意見も取り上げるべきだよ」とおっしゃった。その頃、戦後の特徴だと思うが、民主主義とか多数決という言葉が流行っていた。

私は先生の言葉に感銘を受けた。だから私はクラスのなかで「男生徒と女生徒が机を並べて座るのはイヤだ」という意見が男の子の多数から出た時も、私は「これからの時代、男女同権なんだから男の子と女の子が机を並べて当然でしょ」と言って、男女一緒に並ぶことになった。

ある時、H先生が「君たちは何色が好きかな？」とクラス全員に問いかけた。みんなはそれぞれ好きな色を言った。私はピンクだった。先生は「だいたいみんなの性格がわかります」と言った。なんで好きな色で性格がわかるのか？　私はいろいろ考えたが、空想好きで、現実から離れて夢ばかりみていた自分が、とても恥ずかしくなった。それを先生に知られたことも恥ずかしかった。

5年生になるとクラス替えになるという噂が出た。私たちは好きな先生と離れたくなかった。そこでクラス替えをしないようにという直訴状を校長先生に渡そうということになり、私が書いた。校長先生宅は、戦後の住宅難で、私たちがいる校舎の裏手にある和室の裁縫室が独立してある校舎を間借りしていらした。そこにクラスの何人かで直訴状を持って行った。校長先生は不在で、家族の方に手渡した。

私たちの願いも空しく、5年生になる時、クラスはバラバラになり、先生とも別れることになった。

私たち姉妹は鎌倉に戻ってから、また教会の日曜学校へ行き始めていたが、私はキリスト教の教えを守ろうと努力していた。しかし、教会に来ている子どものなかには、礼拝堂でキャラメルを食べ、その包み紙をポンと床に捨てて平気な子どももいた。なぜキリストを信じる者がそんな行動をするのか理解に苦しんだ。私は先生に聞いてみた。「神様って本当にいるの?」先生はとても困ったように「神様って本当はいないから、とても良い人のことを神様のような人っていうんだと思うよ」と言われた。

それからの私は、神は本当に存在するのかという課題に向き合うことになった。尊敬する先生が嘘を言うはずはない。それなら教会の教えは何なのか? イエス・キリストは神の子ではないのか? 私は教会に通いながらも、絶えず、この問題で悩み続けた。そして20歳少し前にキリスト者として生きることを断念して教会を離れるわけだが、それまで、ずっと心の中で葛藤し続けたのであった。

1947年3月で国民学校の名前は廃止となり、4月からは学校教育法の公布により、現在のような小学校になった。

(「息吹き」340、341合併号 2020年)

3. 1947年　敗戦の2年後

小学校4年生も終わる3学期、担任のH先生は学級委員5人のうち、男子生徒2人、女子生徒を3人にしてくださったのだ。私は、1学期、2学期とも学級委員を務めたが、3学期に女子生徒が3人になったということは画期的な出来事だった。今までは男子3、女子2が通例だったから。私は嬉しかった。女子生徒が認められたことが嬉しかった。

その頃、作家の吉屋信子さんが、鎌倉の大町にある私の家から逗子に向かう名越《なごえ》というところに住んでいて、時々私の家の前を通って駅に向かうことがあった。母は、よく「ホラ、吉屋信子が行くよ」と私たち娘に知らせてくれた。

私は、女流作家とか閨秀作家という言葉が不思議でならなかった。男の作家は、普通に作家なのに、なぜ女性だけが特別なのか、わからなかったのだ。H先生に質問しても、納得のいく答えはなかったような気がする。

4月から5年生になる。そして組み替えがあるので、私たちは別れ別れになるのだ。

H先生との別れも迫っていた。私たちのクラスは、とても仲がよかった。4月から組み替えになるのを意識していたのかもしれない。女の子も男の子も一緒に遊んだ。

私は、運動能力がまるでダメなのは相変わらずだったのだが、でも、この時、U君に貸してもらったグローブを使ってキャッチボールをするのは大好きだった。これは、とても面白かった。「川上の赤バット、青田の青バット」と言われる時代で、男の子は赤バット、青バットを欲しがった。

わが家はクリスチャンなので、食事の前に必ずお祈りをする。すごく短いお祈りなのだが、こういうものだ。「神様、今食べ物をいただきます。感謝して。アーメン」これに節がつくのだ。客人があると、父が祈りの言葉を言い、祖母が祈り、客人がクリスチャンならば、客人が祈る。食前の祈りは長いものになり、空腹の私たち子どもには耐えがたかった。しかし、この祈りの短いフレーズは、私の中に今も生きていて、食べる時は、いつも感謝の心を忘れない。

学校には弁当を持って行くが、時々給食と称して脱脂粉乳を溶かしたもの、あるいは脱脂粉乳に、人参、ジャガイモを入れたスープが出るようになり、よそうお椀は家から持って行った。バケツのような容器に入れたミルクやスープを調理室から教室まで当番が運ぶ。大きなお玉で1杯ずつお椀に入れる。

ミルクやスープが容器に残っていれば、だれでも教室の前に置いてある容器まで自分のお椀を持って行って、よそうことができる。意地汚いようで、出て行くには勇気がいるが、お腹の空いている私は、よくおかわりをしに行った。

それよりイヤだったのは、毎月、体重測定をすることだ。国連からの支援で脱脂粉乳を給食用に送られてくるので、そのお陰で子どもたちの体重が増えたと報告するために体重を記録するというのだ。

母は料理があまり得意ではなかったが、栄養のことは気にかけて、お弁当づくりをしてくれた。卵焼きも入っていた。その卵焼きだが、中学生になって、隣りの席の子とお弁当のおかずを交換した時、彼女が「ナニ、この卵焼き、メリケン粉のにおいがする」と言った。私は半信半疑で帰宅してから母に尋ねると、母は「そうよ。卵をまるまる使えばお金がかかるでしょう」と当然のように答えた。それから私は友人とおかずの取り換えっこを止めた。

夏休みに父が娘たちを疎開先であった新潟県南蒲原郡羽生田に連れて行ってくれた。海辺の風景も好きだが、田舎の風景に触れることは心躍ることだった。懐かしいいとこたちにも会える。裏の山も水を張った田んぼも眺めることができる。私の自然への憧憬は、あの頃から始まったのかもしれない。自然の中にいると心が安らぐのだ。いっとき、辛いことを忘れることができる。

でも、父はその時、自分の故郷である新潟県三島郡大積村（現　長岡市）へ用事で出かけた。何のためだったかは、私が中学生になってから、やっとわかった。社会科の教科書に戦後の農地解放のことが出ていたことから、私が父母に問いただしたからだ。

１９４６年10月21日、不在地主の小作地すべてと在村地主の小作地のうち一定の保有限度をこえる分は国が強制買収し、実際の耕作をしている小作人に低価格で売り渡すという第２次自作農創設特別措置法が公布され、父は先祖代々から持っていた田を不在地主ゆえに全部失うことになり、あまりにも価格が安すぎるということで、少しイロをつけてほしいという交渉を小作人たちとしたようだ。父は、人にそそのかされて株で失敗し、その時は持っていた山を売り払い（祖母と母は、いつもこのことを悔やんで話していた）、また農地解放で田んぼもすべて失うことになった。残ったのは、先祖代々の墓で、その墓石の後ろを開けると、大きな穴になっていて、遺骨は骨壺から出して投げ入れ、すべての骨が一緒になる。しかし、その墓地も２００４年の新潟県中越地震で崩れ、地元の親戚の者が、近くのお寺の墓地に埋葬してくれた。

鎌倉の夏と言えば海岸だ。私たち姉妹は、幼い時から祖母と海に出かけて水と戯れたり、砂遊びをした。戦争中も海に行っていたが、警戒警報が鳴ると、警備員が「危ないから、今日はもうお帰り」と言って、私たちはすごすごと帰らなくてはならなかった。

戦争が終わったのだ。もう敵機来襲に怯えなくてもいいのだ。私たちは喜々として海に向かった。その頃は、まだサーフボードなどはなかったので、洗濯板を持って行って波乗りを楽しんだ。

海岸には小さなステージが作られ、ハワイアン・バンドが全盛だった。アロハシャツの青年たちが首にレイをかけて、ウクレレ片手に歌う様子をじっと見ていた。フラダンスがつくようになったのは、もっと後のことだ。長姉は、ハワイ生まれの歌手の灰田勝彦にぞっこんで、小学校の講堂でやったコンサートに出かけていた。灰田勝彦の兄の晴彦のスチールギターの演奏もなかなかよかった。

「アロハ・オエ」「ブルー・ハワイ」「カイマナヒラ」「小さな竹の橋で」など海辺で覚えたハワイアン・ソングは今も忘れない。

夜は、浜辺で盆踊り大会である。母や祖母も一緒に夕涼みがてら夜の浜辺に繰り出した。盆踊り大会に参加すると、踊りの上手な人に役員が小さな紙片を渡す。それはアイスキャンディーと交換できる券だ。私は、それが欲しくて、一生懸命に踊ったが、1度ももらえたことがなかった。ある時、気づいた。引換券をもらえるのは、役員と顔なじみの者であることを。それからは、あまり踊る気にもならなくなった。

祭りも復活し、材木座は御所神社、大町は八雲神社のお祭りが7月の同時期に開催され、神輿同士が激しくぶつかり合って喧嘩したりして、見物客は手に汗を握った。戦争の間、何ごとも制約されて、息をひそめていたような生活をしていたので、この時代は明るく、まぶしく感じられた。

5年の担任になったH先生は、授業が始まる前に「フランダースの犬」とか「アルプスの少女ハイジ」などの名作を読んでくださって悪い先生ではなかったが、人見知りする私は、なんとなく馴染めなかった。

クラスの中で親しいのは、4年生で同じクラスで学級委員だったUという男子生徒だったが、彼は戦争中に鎌倉に疎開してきていたので、まもなく東京へ戻って行った。

私が担任の先生を徹底的に嫌いになったのは、遠足で箱根に行った時のことだ。雨に降られ、遠足は散々だった。小田原駅だったか、自分の班の点呼をして人数を確認しろと先生は班長たちに命じたのだが、みんな遠足気分で浮かれ、なかなか徹底しなかった。それで先生は怒って班長だった女子生徒のIさんの頬を打ったのである。しかも彼女のお母様は、担任だけでは子どもたちの面倒を見きれないので、2、3人の母親に声をかけて、付き添いを頼まれ、参加していた。そのお母様の目の前で手を上げたのだ。私は驚いた。戦時中に女のA先生に私が殴られた時ほどのショックだった。

この時、W先生という男の先生が助っ人で付き添いに来てくださっていたのだが、昼の弁当を食べていた時、「君たち、これからの修学旅行はどこがいいと思う?」と質問した。私は即座に「今度はアメリカでしょう」と答えた。先生は「今の子どもの発想はすごいんだね」と、付き添いの母親たちと目を合わせ、呆れたように頷きあっていた。しかし、それから数年後、私が高校生の時、ある私立高校はアメリカへ修学旅行に行ったというニュースが報じられ、私も先見の明があると思ったものだ。

私は、とにかく学校に行くのがイヤだった。その頃、横須賀にS女学院というミッションスクールができて、頭のよさそうな裕福な家庭の女子生徒が、次々にその学校に移って行った。私もどこか新天地に移りたいという希望を持つようになった。

戦争が始まってアメリカから日本行きの最後の船で帰国した伯父が、うちの知り合いの叔母と結婚して三浦市に住んでいた。2人は晩婚なので子どもは授からないから、もらい子をしたい、と言っていた。私はS女学院に通わせてくれるなら、その夫婦のところにもらわれて行ってもいい、と言った。その時の母の悲しそうな顔を見て、まずいことを言ったかなと思った。母は私の4年生の時の担任のH先生にも相談したようだ。

結局、その話は立ち消えになったのだが、養女にならなくて本当によかった。姉たちや妹とは、よくけんかしたが、やはり彼らと別れるのはイヤだもの。

（「息吹き」345号　2021年）

4．1948年　敗戦から3年後

5年生の時の担任の女性のH先生が結婚なさることになり、学校を退職された。6

年生になって担任になったのは、鎌倉師範（現在の横浜国立大学教育学部）を出たばかりのK先生だった。私たちとは10歳しか違わない兄貴のような先生で、とにかく元気が良かった。オルガンはうまく弾けないからと、音楽の授業は隣のクラスのベテランの女先生を頼んだりしたこともあったが、意欲に燃えていた。先生は信念を持って教えてくださった。「敗戦の国の子どもでもいじけるな。君たちが日本を復興させるんだ」と、よく言われた。

勉強でも学校の勉強だけでなく、自分が興味を持ったものには自発的に勉強しろ、その成果はノートに書いて持ってこい、と言われた。そして、教室の後ろに全員の名前を書いたリストを貼りだして、自由研究をしたものを持って行くと、ポイントをくださって、リストに丸印を書き込んでくださった。私が詩を書いて持って行くと1ポイント、その頃、私は少女小説のようなものを書いていたので、これは長いから5ポイントというようにリストに書き込んでくださった。私はいろんなことに興味を持って調べたりするので、クラスでいちばんポイント数が多かった。

先生は、図書館を利用することを教えてくださり、下校時に図書館に寄ることを許してくださった。鎌倉の図書館は御成小学校の中にあった。私たちの第一小学校から子どもの足で10分くらいかかっただろうか。級友3人、4人と連れ立って図書館に通った。百科事典でいろいろな調べものができることもわかった。

社会科の学習では、自分の調べたいことを学校外に出て行って調べてもいいということになり、私は交通規則というものを調べたいと言ったら、男子生徒の1人が一緒にやりたいと言ったので、2人で警察署に行って、交通課の署員にいろいろ質問した。それから市役所に行って市長にも会った。市はどういう交通計画を持っているかということを聞いたように思う。市長は磯辺さんという人だったが、小学生の私たちにとってもていねいに応対してくださった。「市長さんって偉いんだな」と感心したものだ。調べたことはまとめて、クラスで発表した。私は学校が楽しかった。勉強は面白かった。

夏休みには、先生はキャンプに行こうと希望者を募って2泊3日のテント生活を箱根の仙石原キャンプ場で実施した。けっこう大勢の参加があった。ひとつのテントに5〜6人ずつ入った。母は食事を心配して梅干や佃煮を持たせてくれた。みんなで食事を作り、みんなで食べるのが何よりも楽しかった。そして乙女峠にも登ったし、夕方、温泉まで歩いて行って入浴した。帰って来るなり、「疲れた！」と言ってテントのなかで寝てしまう子もいたが、先生は「休みたい子は休んでいてもいいよ」と食事作りを強制しなかったが、私はカレーを作るのを手伝った。飯盒で炊いたご飯にカレーをかけるだけだが、特別おいしく感じられた。

夜になると、薪を井桁に組んでキャンプファイヤーを勢いよく燃やし、その回りで知っている歌を次から次へと歌った。原始人になったような気がした。この時はK先生だけでなく、つき添いに若い男の先生も参加された。私のアウトドア好きは、先生のお蔭である。

松竹撮影所を見学したこともあった。私の父が提案したのである。わが家の斜め向かいのOさんが大船の松竹撮影所に勤務しておられたので、見学したいなら、いつでもどうぞ、と言ってくださっていた。クラスで希望者だけ土曜日の午後行くことになり、まず電車の切符を買うことから教えてもらって、まだ小学生だから子ども料金でいいんだ、と言っておのおのワクワクしながら切符を買い、鋏を入れてもらった。先生には、電車の中で騒がないこと、席は大人が座るのだから子どもは立っていること、まわりに迷惑をかけないことを厳しく言われた。松竹撮影所は、ずいぶん広かった。その時は撮影現場を見ることができなかったが、『エノケンの法界坊』のセットが組んであって、かなり大がかりだが、それに人間を組み合わせてフィルムになるのだと納得した。

私は運動神経が鈍くて、運動会のかけっこで賞を取ったことは皆無だった。特技としては鉄棒の上を落ちずに端から端まで渡ることができたのだけど。冬になって、先生は体力づくりに学校から由比ガ浜海岸まで走って行き、また戻って来るという駆けっこをやろうと提案された。それから毎朝、海岸まで走った。私は後ろの方でハアハア言いながら走っていた。毎日頑張るうちに、少しずつ順位が伸びて、7番目くらいに戻って来れた時は嬉しかった。そして、とうとう1番で戻って来た時があった。信じられなかった。足の速い男の子たちがいるなかでトップになるなんて。

翌朝、先生は私のことを皆の前で褒めてくださった。毎日コツコツ頑張って走ったせいで、私が1番になれたこと、真面目にやれば成果は出る、と。今まで運動神経の鈍い子と自分も思っていたが、やればできるんだ。そして、私は自分の性質は、粘り強い、あきらめない、持久力があるということがわかった。それからの私は、運動にも積極的に取り組むようになった。

北京から引き揚げてきたIさんは、卒業を待たずに東京に引っ越していった。お父様が医院を開業することになったからだ。ヴァイオリンを習い始めていた彼女は、お別れに皆の前でヴァイオリンを演奏した。「遊びに来てね」と言い残していったので、その後、何回もお宅に遊びに行った。彼女は先生の期待の星で、高校は桐朋学園に入った。高校でオーケストラをやるから聴きに来て、と招待されて学園まで行ったことがあった。タクトを振るのは小澤征爾さんだった。彼も北京からの引き揚げ者だった。Iさんは卒業してから日本フィルハーモニー交響楽団のメンバーになり活躍した。

私たちが5年生の時、生徒数が1クラス60人以上になるほど多くなったので、稲村ケ崎に新しい小学校を建てることになり、何人かは、そちらに行くことになった。開校するのは、私たちが6年生の時だったが早めにクラス分けされた。

クラスでは卒業バス旅行をしたが、途中で別れた人も一緒に行った。行く先は、三浦半島の油壷《あぶらつぼ》。途中、木炭バスがエンストを起こし、坂道を上がれなくなった。全員バスから降りて、後ろから押した。クラス会では、油壷の磯遊びよりも、バスを後ろから押したことが思い出として話題になった。

そして最後の卒業式。私立の中学にいく子もいれば、できたばかりの公立中学にいく子もいる。私は横浜の関東学院に進学することになった。試験を受けて合格したのだが、父が関東学院の中・高校の教員をしていたから、オマケもあったかもしれない。クラスのなかでも何人かは六浦の関東学院を含めて受験したのだが、頭の良かったTさんだけが落ちた。まさか彼が落ちるとは思わなかった。彼はがっかりしていたが、すぐ立ち直って公立の中学に行き、高校は県立湘南高校、大学は国際基督教大学に進学した。

さて1948年から卒業の1949年の話が終わるが、その後日談を少し記しておこう。

私たちのクラス会は、いつもTさんの呼びかけで、何年かおきに開かれていて、いつもK先生が主賓だった。ところが、Tさんの愛妻が若年性アルツハイマーになって、彼女を鎌倉中連れて歩いたが、もう歩くところがないから暖かい沖縄に行くといって糸満市に転居してしまった。私が沖縄に行った時は、彼の車であちこち連れていってもらった。愛妻の死後、鎌倉で偲ぶ会をやるからといわれて、久々にクラス会を兼ねてK先生と私たち同級生が10数人集まった。数年後に彼も沖縄で亡くなった。彼は鎌倉にお墓も買ったのに、帰ってきたのかどうかわからない。息子さんが知らせてくれることになっているのだが、未だに連絡なしである。

K先生とは、ずっと手紙のやり取りが続いた。実は「息吹き」を毎回送っていた。先生はいつも感想を書いて送ってくださった。先生は教職に就く前に応召され、内地勤務であったが兵役についた。そして敗戦。その年の8月末、横浜の自宅に帰り着いた。

そして、2016年1月、鎌倉の由比ガ浜公会堂でクラス会をやった。級友のMさんが管理人になっていたからだ。Mさんと私が幹事になった。その時、先生は材木座の自宅から会場の由比ガ浜まで歩いていらした。とても元気なご様子だった。しかし「わしも、もう90歳になる。次のクラス会に出られるかどうかわからんよ」と言われた。その時、「まさか!」とみんな笑ったのに、翌年の1月にお亡くなりになった。

クラス会のあとで、私にくださった葉書は「お蔭様で私の第一期の皆さんと再会できました。厚く御礼申します。それぞれに立派に生き抜いていることに改めて感慨深いことと痛感しました。姿形は成長し、様子がかわっても何か昭和23年当時の原型を秘めて今に至っていることに改めて感じ入りました。本来バラバラの人たちが昔のクラスということでよくまとまっていて不思議な思いすらします。卓越した声かけ係さんのお蔭です。ありがとうございました」と幹事役の私をねぎらってくださった。この時の参加者は12人、先生を含めて13人であった。

（「息吹き」３４９号　２０２２年）

5. 母を語る

私の母は、明治39年12月25日、新潟市に生まれた。雪が降っている時に生まれたので、〝ゆき〟と名付けられた。父は県庁の役人、母は小学校の教員、当時としては珍しい共働きの家庭だった。きょうだいは姉２人、下には妹と弟がいる。姉妹４人のところに、末っ子が男だから、男子誕生とばかり両親が有頂天になったらしい。目に入れて痛くないばかりのかわいがりようで、母は思い出話の中で「本当に光吉（弟）さんはいいよ。大事にされて」と言っていた。

母は私たち姉妹におとぎ話などあまりしてくれなかった。母の話といえば、子どもの頃のことや長岡師範に入ってからの寮生活、そして教員時代、父と結婚してからの苦難時代など、私たちは息を殺しながら、空襲警報の夜の闇の中で、聞いたものだった。

母の家庭では両親が共働きだったので、今のように保育所があるわけでなく、子守と称する女中（今ではこの語も死語らしいが）がいて、子どもたちの世話をしてくれていた。家に帰ってきても、「お帰りなさい」といってくれる母がいなかったことは、とても寂しかったらしい。戦後のお金がない時期に、教員資格のある母が、もう一度教壇に立つチャンスがあった。私は、母に働いてもらいたかった。口に出して言った。しかし、母は自分が味わった寂しさを、また子どもたちに味わわせてはならないと心に決めたらしい。「知子（私の妹）ちゃんが帰って来た時、お母さんがいないと、とても機嫌が悪いから」とか「おばあさんがいい顔しないだろう」とか理由をいくつか挙げて、再び教師になろうとはしなかった。

母の思い出話のいくつかは今でもはっきり覚えている。ある時、まだ小学校に行かない頃、家の二階から隣の小学校の校庭を眺めていると、生徒たちが「岡部先生の子どもだ」と口々に指さして二階を見上げたので、恥ずかしくなって急いで窓を閉めると、窓がはずれてガラスの雨が頭から降り注いだこと、弟が遊びに出掛けて、すぐに泣きながら戻ってきて、「あっち、チビ言うた」と言ったこと。つまり、大きい子に

「チビ、チビ」といじめられて帰ってきたけれど、私たち姉妹は、光吉叔父の顔を見ると、「あっち、チビ言うた」と泣いた男の子が、叔父らしく分別くさい顔をしていることに、おかしさを覚えてクスクスとしのび笑いをしたものだ。

母は食物の好き嫌いが激しく、身体が小さいので、小学校時代はクラスで最前列に並ばされていた。背がぐんと伸びたのは、師範に入ってからで、多分、寮生活で偏食がなおったせいではないかと言っていた。

母の母という人は、とても厳しい人で、おねしょをしたら、服を着替えさせ、暖かいマントを着せてくれたが、雪の庭にそのまま放り出したそうだ。

私はこの祖母に会ったのは、記憶の中では一回きりだった。3、4歳くらいだったろうか。

夏休みに、祖父母のいる新潟に連れていかれた。鎌倉から新潟まで、ずい分長いこと汽車に揺られた。「こわい人」と聞かされていた祖母は、りんとした感じはしたが、こわくはなかった。母がみやげに持っていった〝梅びしお〟(梅を煮て、うらごししたものに砂糖を加えて煮詰めたもの)を、私がご飯のたびに欲しがって、祖母を困惑させたというが、白いご飯に赤い梅びしおの色どりと甘くて酸っぱい味と色は記憶の底に今も鮮やかである。

長岡師範学校に入った母にとって、厳しい両親の許を離れての寮生活はかなり楽しいものだったに違いない。師範を出ると、小学校の教員となり、お寺の一室を間借りした。田舎の鼻たらし小僧たちを教えるようになった。「先生、先生」と慕ってくれる子どもたちに囲まれて、けっこう楽しかったらしい。はかま姿の母が、オルガンを弾く姿は容易に想像がついた。母は家でもよくオルガンを弾きながら、大きな声で小学校唱歌をうたっていた。母の声は大きかった。明瞭にしゃべった。先生としてきたえただけのことはあると思った。

父と結婚したのは、母の母の姉の養子、母にとっては従兄弟が父と友だちだったためらしい。「お前は姉をもらえ、おれは妹をもらう」と従兄弟が言ったとかで、母の妹は、その従兄弟と結婚した。父は長岡市の郊外の大積村という所で生まれた。家は代々庄屋で、田畑もたくさん持っていたらしい。父の代になって、それは次々に失われた。最後は戦後の農地改革で止むを得なかったのではあるが……。母は「土地があれば、あなた方にも苦労はさせなかったのに」と、よくこぼしたものだったが、ない物はないでいいではないかと私は思っていた。ないことほど強いものはない。なければ自分ががんばるだけのことだから、と私は割り切っていた。

母は、娘たちが結婚して家にいなくなり、姑が亡くなり、そして4年前には夫をなくした。今は鎌倉の家に一人住み、書道や短歌や老人大学というように忙しい日々をおくっている。私が幼い時「暇が出来たら、今まで自分が生きてきた足跡をかいてみたい」と言っていた母。

ぜひ長生きして女の一生を書きあげてもらいたいものだと思う。

（「草の実」（草の実会）湘南グループ文集第21号　１９８３年）

第2章　子育てのなかの地域活動

1．図書館ごっこ

7歳の長女がよくやる遊びの一つに「図書館ごっこ」があります。見ると、クレヨンで書いた貸し出し用紙があり、本棚には「ここ　おとな」「ここ　こども」とかいた案内札が立っています。娘はあれこれ本を調べて、2歳の弟に「ターチャンのはこれがいいわ。自動車がいっぱい出ているから」と絵本を渡し、「ママにはこれがいいでしょう」と私には私が買ったばかりの写真集を持って来てくれます。「では紙芝居を始めますからね。みんな集まってください」娘は自作の「うさぎとかめ」の紙芝居を始めます。

私が近所の主婦たちのために、市立図書館から本を借りて家庭文庫を始めたのは娘が2歳になってまもなくでした。子どもの本も欲しいという声があがり、大人50冊、子ども50冊という割合で貸してもらうようになったのは、それから半年後でした。最初は本にいたずら書きをして私にひどくお尻を叩かれた娘でしたが、そのうち本を大切にすることを知り、私が留守をしても、本を借りに来た人にちゃんと応対し、本を貸してあげられるようにもなりました。

図書館から紙芝居を借りたのは、娘が3歳の時だったでしょうか。3歳年上の兄と何回もやってやってやってと大騒ぎして、とうとう自分でも紙芝居を作りました。その紙芝居はやる度にお話が変わるのですが、それがまた面白く、兄と私の2人の観客の前で何回も何回も演じられたのです。私も子どもに返って、笑ったり拍手したり、それは楽しい遊びでした。

一昨年、地区の自治会館ができたのを機会に、同じ地区内にある他の家庭文庫と合併して地域文庫を作ろうということになりました。冬空の下を、私は末の子をおぶって自転車に乗り、他の母親たち数人と地域の自治会長宅や市役所、図書館へお願いにまわったのです。そしてついに県立、市立図書館併せて８００冊の本が借りられることになり、昨年5月に文庫びらきをしました。図書委員も20人ほど集まったのです。

貸し出し日には子どもを連れて行き、子どもをひざにのせて大ぜいの子どもたちに紙芝居をしたり、本を読んできかせました。ある時、眠くてぐずる子どもをおぶって本の整理をしていたら、子どもは眠るどころか、いつの間にか背中で絵本をひろげて見ていたのです。まるでマンガでした。いあわせた人みんなが笑い出してしまいました。

私たちの文庫には大勢の子どもが本を借りにきます。文庫を魅力あるものにするため、私たちはあれこれ企画を考えます。まず紙芝居、本の読みきかせ、ストーリー・テリング、そして映画、人形劇というようにプログラムを組んでやっています。始めは何もかも手探りでしたが、子どもたちと親しくなるにつれ、子どもたちの気持ちも読めるようになりました。

文庫一周年を記念して映画会をやった時に、映画が終った後で小さな男の子がフィルムを逆回転させている私のそばにきて「おばちゃん、今日はとても面白かったよ。またやってくれる?」と小声で言いました。「よかったね。土曜日はいつも本を借りにいらっしゃいね。本も読んであげるよ」と言うと、その子はにっこり笑い、借りた本を大事そうに胸に抱えて帰っていきました。

7月第1週の土曜には人形劇の公演をしました。「ブレーメンのおんがくたい」

「ピーターと狼」の二つの劇をやりましたが、前者はお母さんたち、後者は子どもたちが主になって演じました。たいした宣伝もしないのに、部屋中あふれんばかりの子どもたちが集まってすごい人気でした。人形劇の脚本も舞台も人形も何から何まで手作りで、作業が大変でしたが、人形劇には創造の喜びがあります。子どもたちと共にこの創造の喜びを求めて、これからも人形劇を続けていくつもりです。

図書は土曜日の1時に貸し出しを始めるのに、12時すぎにはもうきて待っている子どもたち。「ちょっと早く来すぎるんじゃない」と子どもたちに声をかけ、「机出すの手伝ってくれる?」と頼むと、待ってましたとばかり、われ先に手伝ってくれるのです。いざ貸し出しとなると「今日は返すだけなの。これからプールにいくから借りられないの。またきます」と帰っていく子もいます。ただ返すだけなのに長いこと待っていて、一生懸命手伝ってくれるのです。こういう子どもたちを見ると、どうしても毎週はりきって貸し出しせざるを得ません。

私は今年の4月から再び大学へ通い出しました。図書館司書の資格を取るためです。私たちの文庫を小さくても司書のいる「図書館」にしたいのです(それは行政に委せればいいという批判もありますが)。「図書館ごっこ」でいい子どもたちが楽しい遊びをするように、いそいそと毎週文庫へ本を借りにきて欲しいのです。そして子どもたちの読んだ本が彼らの精神の土壌を肥やし、いつの日か美しい花を咲かすことを願っています。

（神奈川県図書館協会・神奈川新聞社主宰　第5回「社会人の読書感想文」特選　1975年）

2.「図書館ごっこ」以後の読書生活

指折り数えてみると、私が文庫とかかわりを持つようになってから、足かけ15年になります。最初に家庭文庫4年、そして地域文庫を始めて6年目になります。

今でも、毎晩子どもに本を読んで聞かせています。上の2人は中学2年と小学校5年になるので、もう読んでやることもなくなりましたが、それでも先日、小学校1年坊主の末っ子に本を読んでやっていると、上の2人がやって来て、一緒になって聞いている。そして次の本はアレにしようとかコレにしようとか言い合っているのです。いくつになっても、本を読んでもらうことは楽しいとみえます。

末っ子はお腹の中にいる時から本を読み聞かせたことになるので、3人のなかでは、一番本好きであるようです。彼が3、4歳の頃のこと。よく本を持ってまつわりついてきては、「ママ、読んでよ、読んでよ。読んでくれないと死刑にするゾ」などと脅迫するのです。私が「ダメ、ダメ。今忙しいから」と言うと、「暇になってからでいいから、ネ、ネ」とかわいくこびる。現在はお話し絵本だけでなく、さんすうの絵本とか昆虫の本とか、いろいろな本に興味を持つようになりました。

私はと言えば、忙しさからか、なかなか本が読めません。いくつかの学習会や市民運動に参加しているので、それに関連する研究書や専門書などの書物には毎日目を通していますが、楽しみとしての読書をする暇が容易に見出せません。わずかな時間をさいて、努めて読もうと心がけているものに戦争体験の記録があります。

ここ数年、夏になると、私が所属する会では「私の八月十五日」という戦争体験の記録集を編さんしています。戦争体験した世代として、戦争を語り継ぎ、よって平和への礎としたいという気持ちがあるからです。先日、テレビで、ヒロシマの原爆者の体験を聞いた若者たちが平和運動に参加しているレポを見て、知ることの大切さを考えさせられました。

一昨年の暮れ、京都の旅館主、笠原征江さんが、母子の戦争体験記を自費出版しようと思い立ったことを新聞で知った私は、「戦中戦後、母子の記録第四巻、母の歩み」に書かせてもらいました。名もない人々の戦争体験記ですが、なかなか迫真性があります。

ファンタジックな作風で知られる童話作家、立原えりかさんの『いつか愛の河になりたい』（柏樹社、１９７５年）は彼女の自分史ですが、ここでも戦時中の苦しい体験が語られています。「戦争は、のこされたものたちのところにあったのではないでしょうか。１９４５年前後を、ほんとうに生きて、戦ったのは、あのころの母親たちだったと思います。（中略）死んだ兵隊には花束がそなえられましたが、生きぬいた母親たちには、何ひとつささげられはしなかったのです。」と、彼女は戦時下の母親たちに寄せる思いを書いています。

私も文庫で本を買う場合も、戦争にふれた児童書などを選ぶようにしています。

（第９回「社会人の読書感想文作品集」に掲載　１９７９年）

3. 図書貸出し繋盛記

私が近所の主婦たちと相談して、市立図書館から団体貸出しを受けるようになってから2年たちます。最初はなれないことでもあり、貸出しもスムーズにいかず苦労も多かったです。下の子どもは2歳になったばかりで、預かった本をいためはしないかとても心配でした。一度赤鉛筆で本にいたずら書きをしたので、おしりをひどく叩いて、本はだいじにしなければならないこと、見たら必ず書架に返すことを教えました。以来彼女は二度と本を汚しはしないし、私がいない時に誰か本を借りに来るとカードをぬいて「○○さんが借りていった」と教えてくれます。

現在、会員は大人23人、子どもは30人を上まわり、読書習慣が定着したようであり、貸出しも多忙をきわめます。貸出し日は週2日ときめているが、本を読み終わるとすぐ代わりの本が欲しくて、貸出し日以外にも借りにくる人が多くいます。私も本好きなので、その気持ちはわかるから気持ちよく応ずることにしています。

本を借りに来る子どもの中には「おばさんの所、本を貸すだけなの、読んでいっちゃいけないの」と、聞く子がいる。私の家もせまいので、百冊の本を置くだけで精一杯、とても読書室を提供するわけにはいかない。図書館の分館があちこちにできるようになればいいのだが、わが市ではただ一つの図書館しかない。当分、私は、本の貸出しに頑張らなくてはならないだろう。

（茅ヶ崎市広報「ちがさき」１９７２年９月号　１９７２年）

4. 文庫と私

長男が幼稚園に行き始め、長女が２歳になった時、市の広報で「図書館では読書グループに本の貸し出しをします」と書いてあるのを読みました。今から８年前のことです。

自然に恵まれた地域に住んでいたのですが、何しろ市のはずれで文化施設はなく、図書館からも遠く、なんとかして本を借りましょうと、近所の人に話しました。本を読みたいという人も多かったので、６月末に図書館を訪ねました。

暑く、強い日ざしの中を自転車に子どもを乗せ、途中で何回も道順をたずねながら、やっとのことで図書館にたどりついたのでした。あいにく休館日でしたが、職員が本の整理をしていて、大変親切に応対してくれました。そして7月から配本してくれることになりました。

18人の主婦が読書グループに参加したので、これを4つの小グループにわけて本を4等分し、グループの責任者の家に置いて、半月ごとに回すことにしました。しかし、この方法は本に追いかけられて、急いで読まなければならないので大変だということになりました。

さあ、そうなれば言い出しっぺの私が責任を負わなければなりません。借りた50冊の本を全部わが家に置いて、読みたい人に貸し出す、という方法に変えました。

2ヵ月ごとに替わる本の名前を全部書き出してリストを作り、回覧しました。どうしても読みたい本は、リストに自分の氏名を書き入れておけば、必ずその人の手許に行くようにしました。

初めは主婦だけを対象に50冊借りていたのですが、子どもたちにも本を読ませたいという要望もあって、子ども用にも50冊借りることになりました。子どもの本を置くと、一週間に2度の貸し出しが、ほとんど毎日となりました。

私は本を貸し出すだけでなく、ずいぶん本を読みました。学校を出てからは、本を読む時間はあまりありませんでした。結婚すれば料理の本ばかり読み漁り、子どもが生まれれば育児書ばかり読みました。それが、家に本がたくさんあるとなると、読まなきゃ損とばかり、ひと月に40～50冊も読んだでしょうか。

「読みやすい本はないですか？」「面白い推理小説はありますか？」などと相談も受けます。これじゃあ勉強しないと相談にものれません。とにかく図書館から借りた本は、一応、全部目を通すことにしました。こういう本を、という要望も図書館にどんどん出しました。

こうして本に親しみながらの日々が過ぎ、子どもたちにも毎晩本を読んでやりました。子どもの本もいろいろあって、大人が善と思っても、子どもたちにとっては必ずしもそうでなかったり、文字が多くて子どもが気に入らないかな、と思ってもストーリーの面白さが子どもを捉えてはなさないということもありました。

そうするうちに、3番目の子どもが生まれました。その頃、この地域に自治会館が建つという話を聞きました。そこに地域文庫をつくっては……という話も。別のグループと連絡し合い、地域文庫を具体化しようと努力しました。末の子が1歳になる頃には、協力してくれる友人も増え、自治会長の所へ交渉に行ったり、自転車を連ねて市役所や図書館へ行ったりして、地域文庫実現に向かって行動しました。

そして1974年5月、ついに自治会館内に県と市の図書館から800冊の本を借りて、地域文庫が誕生したのです。その時の嬉しさは、一生涯忘れないでしょう。人間一人の力は小さくても、それが寄り集まれば大きな力になることを学んだのです。

その翌年、私は司書の資格を取るために、大学に聴講生として行くことにしました。2歳の子どもをどうしようと思案していた時、近くの友人が、みてあげるからと申し出てくれました。そして2年間に4人の友人がリレー式に子どもの面倒をみてくれたのです。もちろん私の家族の協力も大きかったことは言うまでもありません。首尾よく司書の資格を得た時、夫に報告しました。「いろんな人のお世話になったのだから、忘れずに感謝しなければいけないよ」と言われました。

私は、みんなへの感謝の気持を、文庫のために尽すことと、市に一つしかない図書館をもっと充実させ、整備させるために努力することで実現しようと決心しました。

（「ファミリー109」「庶民の生活論文」創刊3周年募集入選作　1979年1月号）

5. お話ごっこで生き方を伝える

私は小学校2年生の息子に、毎晩本を読んでやっていました。夏休みに入ったある晩、息子がお話ごっこをしようと言いだしました。彼は自分がつかまえたカブト虫の話やおねえちゃんが飼っているウサギの話、桃太郎をアレンジした話など聞かせてくれました。

私は幼い頃、空襲警戒警報のサイレンが鳴る暗闇のなかで、母がしてくれた子どもの頃の話、こたつの中で祖母が語った昔話など、懐かしく思い出しました。

息子がこわい話を所望した時は、かんおけの中で死人が生き返り、土葬される間ぎわにかんおけのふたを中からトントンたたいて助かったという祖母から聞いた話をしてやりました。とてもこわかったようでした。また戦争中、水と雑草ばかりのような雑炊やいもなどを食べている時、横須賀の海軍基地にいた知り合いの水兵さんが祖母と妹と私を酒保《しゅほ》に連れて行ってカレーライスを食べさせてくれたこと、あんなにおいしくて、あんなにからかったカレーライスは初めてだった話は、よほど印象に強いらしく、その後、カレーライスをたべるたびに「あの時のカレーライスはもっとからかった？」と問いかけてきます。

お話ごっこで、私は息子の気持ちを知り、息子は母親も子どもの頃があったとわかるでしょう。これからもお話ごっこで、私は私の生き方などを子どもに伝えて行きたいと思います。

（朝日新聞湘南版「ひとこと」9月号　1980年）

6．たとえ、その歩みは小さくとも

松ボックリクラブが地域の母親クラブとして生まれたのは、1974年7月のことです。会員数20名でした。私たちが住む菱沼という所は、茅ヶ崎でもずっと東のはずれにあり、農村地帯のなかに新興住宅街ができたという感じで、住民は新旧入り乱れています。市立図書館に行くにも、自転車で20～30分かかる場所ですから、図書館から本を借りて、近所の子どもや主婦に貸すという家庭文庫が2つありました。菱沼地区の自治会館がお宮の境内にできたのは1973年の夏でした。なんとか自治会館内に地域文庫をつくり、より多くの子どもたちやお母さんたちに本を貸し出したら、と考えた母親たちが5人いて、もちろん、図書館側のアドバイスもあったのですが、5人の母親たちはとにかく文庫づくりに立ち上がったのです。きびしい冬の最中にも、自転車を列ねて市役所や図書館をまわり、他の文庫を見学に行き、自治会長さんのところには本を入れるロッカーを買ってくれるようお願いにいきました。小さな子どものいる人はオムツやミルク持参で駆けずりまわったのです。そのかいあって、1974年5月4日に、ひしぬま文庫が開かれたのです。文庫は菱沼自治会の文化部所属にしてもらいました。県立図書館から500冊、市立図書館から300冊の本を借りることができました。

その文庫の図書委員をかって出た母親たちのなかから、なんとかまとまって文庫のためにつくそうと母親クラブ結成の話が出ました。そして市の青少年課へ話を持ちこんで、とうとう松ボックリクラブが誕生したのです。会の目的は第2条　本会は「ひしぬま文庫」を母体とし、会員の親睦をはかり、学習活動、実践活動をする。あわせて、文庫に集まる子どもたちのために、余暇指導や生活指導をする、と定めました。

そして、資源の再利用と文庫の本を買う費用をひねり出すために、10月1日に不用品即売会を開きました。以後、毎年10月1日に行ない、すでに4回を重ねました。これは地域の人々に呼びかけて、たんすに眠っている品物を出してもらい、それを安く売る、売れた場合は何割か（現在は2割ときめている）の手数料をもらって、お金は品物を提供してくださった人に返すという方法をとっています。品物の提供者も買う人も相方が喜んでくれます。純益の中から毎回2０００円前後が文庫の図書購入費にあてられています。その他、人形劇の費用にも使われます。

人形劇団の先生を迎えて人形劇の講習会を開き、人形づくりに没頭したのを手始めに、以後いろいろな人形を作り、文庫での人形劇公演も回を重ねるごとに上達しています。母親たちだけでなく、会員の子どもたちも一緒にやるようになりました。会員たちが工夫して作った軍手の手袋人形は、簡単に作れて楽しめるところから好評で、小学校のPTAでも講習会を開いたり、あちこちの講習会に招かれたりもしました。

昨年のクリスマスは、子どもたちの人形劇はなく、楽器演奏（笛、ピアニカ、ハーモニカ、カスタネット等）で「きらきら星」、「ジングルベル」、「きよしこの夜」をやりました。文庫に集まる子どもたちから公募して、練習に励み、発表しました。母親たちの人形劇やフランネルグラフに劣らず、大好評でした。

毎週土曜日、文庫を開くわけですが、お天気のよい日は外で子どもたちに紙芝居をやってみせたり、本を読み聞かせたりします。フランネルのパネルに絵をはりつけたり、取ったりして、歌ったりお話ししたりするフランネル・グラフも子どもたちは大好きです。時には色紙を配って、折り紙を教えることもあります。

また映画会をやることもあります。毎年、市の社会教育課主催の映写技術講習会には会員が2、3名ずつ出ます。映写機を操作する人には不自由しないわけですが、映写機とフィルムを借りて運んでくるのが大変で、そうちょくちょくやるわけにはいきません。

母親同士の交流をはかるためには、読書会、PTAや教育についての座談会、県の消費生活モニターからの移動教室（食品添加物、食品のムダ、電気器具の取り扱い方、家事の整理などで地域の人にも開放している）、料理やリフォーム講習会等を行なっています。子どもを交えてのものには春のハイキング、秋の梨狩、みかん狩、それに夏の水泳大会やキャンプがあります。昨年の夏は、茅ヶ崎の県営柳島キャンプ場で1泊2日のキャンプを楽しみました。

点訳、手話、障害者や老人のための奉仕活動、こういう福祉関係のものだけがボランティア活動のように思われがちですが、また会員のなかにはそういう活動にも力を入れている人もいますが、私は「図書委員だって、立派なボランティアですよ」と図書委員のお母さんたちに言います。土曜日の午後の忙しいひとときを、地域の子どもたちのために本の貸し出しをする作業も楽な仕事ではありません。1時〜3時まで開くわけですが、1時〜2時の時間帯が一番混むのです。冬は吹きっさらしの暖房のないところで、本の返却、貸し出しの事務に追われるわけです。本の整理もしなければなりません。その他、月に1度は配本があるので、本の入れ替えにも立ち会わなくてはなりません。仕事を持っている人もいるので、なかなか大変です。

茅ヶ崎には図書館が1つしかありません。本を積んで巡回してまわるブック・モービルもありません。市内に40数ヵ所ある地域文庫、家庭文庫が地域の図書室になって頑張っているのです。いつまでもボランティアに任せっ放しでいいわけはないのです。行政がやるべきことはやるように努めてほしいのです。

長洲一二知事の言われるともしび運動もわかります。だからこそ、小さなともしびでも集まれば、明るい灯となるよう、地域に根をはって頑張っているグループがたくさんあるわけです。

松ボックリクラブは、たとえその歩みは小さくても、母親たちが手を取り合い、一歩一歩すすんでいきます。

（神奈川県ボランティア・センター「ボランティア活動の実践記録と提言」１９７８年）

II　茅ヶ崎の公民館づくり運動

公民館は、戦後間もない1946年7月、公民館の設置に関する文部省からの提唱を受け、続いて教育基本法、社会教育法において、公民館の設置が市町村の責務と明文化されたことによって、一貫して、日本固有の社会教育・生涯学習機関としての役割を担ってきている施設である。その意味において、公民館の設置は市町村自らが設置をすすめてきたものであった。

しかし、1970年代半ばの神奈川県茅ヶ崎市には、公民館は未だ設置されておらず、市民みずからが地域での学習の場を求め、公民館の設置を求める運動を始めたのである。数ある公民館において、市民の運動によって設置へと動いた一つの典型として、私たちの公民館は、全国的に注目されるところとなった。

第1章　公民館をつくる会のあゆみ

1. なぜ公民館づくり運動を始めたか

1975年の市民教養講座

私が住む茅ヶ崎市は公立公民館が一館もない。公民館と名のつくものはいくつかあるが、それはみな地区の自治会館にしかすぎない。

成人学級のような社会教育の場に、子ども連れでも行けるように、保育室を備えた公立公民館が欲しい。みんなが話し合って、学習していける社会教育の場としての公民館が欲しい。

1975年、市民教育講座「児童文化の現状を探る」が始まった。1月から3月までの毎週日曜日の午後開かれ、内容もよく練られていて、歯ごたえのある講座だった。担当職員の意気もすさまじく、毎回市民教養講座通信「ごろべえ」が出されていた。

その最終回の座談会において、社会教育主事から公民館のない茅ヶ崎の現状が話され、これを受けて藤沢の公民館活動に参加したことのある受講生の一人から「公民館について勉強してみてはどうか」との提案があった。しかし、この時はまだ公民館の必要性がよく認識されなかったのか、この提案に賛同する人も少なく、不発に終わったのだった。

公民館のない茅ヶ崎市

戦後30年たつというのに、茅ヶ崎市に公の公民館がないことはまったく不思議だった。それを疑問に思う市民も数少なかったのだ。しかし、それまでに要求がなかったわけではない。1960年、社会教育関係者から「茅ヶ崎市立公民館建設に関する請願」が出されていた。1963年にも「茅ヶ崎市立公民館建設に関する請願」が文化団体協議会長を含む6375名の署名をもって市議会に提出されていた。どちらも議会で採択されたが、その後行政当局には目立った動きはなく、ようやく、1969年になって第一次総合計画の中に地区公民館2館を建設する計画をたてていた。

さらに1973年6月、市の北の端に位置する小出地区の子ども会から「小出地区公民館の建設に関する陳情」が議会に出された。この陳情はその年の12月に入ってやっと採択されたが、その後運動は続けられないで終わっていた。

市民教養講座「家庭教育」

1975年5月には、今まで市の中央ばかりで開かれていた市民教養講座が、地域で開かれるとあって、定員50名に対し、ワッと応募者が集まり、定員以上の受講生の参加により講座は始まった。子連れの母親たち10数名がいたことで、講座は聞きたい、でも他人に迷惑をかけてはいけないと母親たちは、開講後どうしたらよいか話し合うことになった。公的に保育を保障してもらえるかどうか聞いてみようということになり、社会教育課の職員と母親たちの話し合いが続いた。しかし、職員からは「公民館があって、その中に保育室でもあれば保育も可能だろうけれど……現状では保育のための費用も予算的にないし、保育はできない」ということだった。

「公民館があれば保育はできる」、この時の職員の言葉は、母親たちの頭にしっかりと刻まれた。そして、その言葉が公民館づくり運動にのめりこんでいく第一歩となっていくのである。

とにかく母親たちはお金を出し合って保母を一人やとい、あと一人は自分たちが当番で保育にあたることにしたのだった。当番はおやつもまとめて買ってくる。幸い会場となった自治会館は50～60名収容のホールとかなり広い和室からなっていたので、和室を保育室にあてることにした。

講座が7月の休みに入る前に、子連れの母親たちが中心になって、講座の受講生や市内各地区の友人、知人に次のような要望書に署名してくれるよう頼むことになった。

公民館設置の要望書づくり

要　望　書

さる5月30日から菱沼公民館で始まった市教育委員会主催の市民教養講座（家庭教育コース）には、幼児を連れた母親が、十数人も参加しています。当然保育の問題がおこってきました。母親たちは、自己負担で保育係をやってくださる人を頼み、又、輪番で、保育当番を出して、自主保育をやっております。今度のように地域で市民教養講座あるいは成人学級を開設する場合は、幼児を連れた母親の参加は、ずっと多くなることが予想されます。

「みんなの社会教育」といわれるならば、幼児をかかえた母親も当然勉強する権利があるはずです。市当局も、市主催の市民教養講座・成人学級・講演会・福祉講座・各種講習会等においては、保育の必要を十分認識せられん事を強く要望します。

公の公民館がないということも保育室を確保出来ない原因になりますから、みんなが安心して集える公民館がなんとしても必要です。図書館もあちこちに分館が欲しいのですが、これは是非とも公民館に組みこんでください。

よって次の2点を要望します。

(1) 市内各所に公民館の建設

(イ) 保育室を設けること

(ロ) 図書室を設けること

(2) 市主催の各種催しものには保育設備と保育係を設置すること

保育所つき社会教育体制を訴える会

代表　西山正子

こういうささやかな要求のために私たち少数の母親が立ち上がって署名運動を起こ

した。10日間で1400人を超す署名を集めることになった。

市当局の対応

しかし、それに対処する市側の態度はきわめてあいまいで、社会教育に対する積極的な姿勢が感じられなかった。

要望書について教育長からお会いしたいとの連絡があり、その時確認したことは「昭和52年度の計画案にあるのは市民会館建設であって、公民館建設は先の先の話である」とのことだった。保育の問題についても前向きの姿勢ではなく、「教育委員会が出す予算要求の中には入れてくださるんでしょうね」という問に対し、教育長「考慮します」「入れるんですか?」教育長「だから考慮しますと言っているでしょう」という答え。唖然とした母親たちは、ここで必死の追求を続け、とうとう教育長は「保育の問題は教育委員会としても重点目標として予算獲得に努力いたします」と言いなおしたのだった。同時に母親たちも、行政という大きなカベを感じ、真剣に行政に立ち向かわなければならないことを悟って、相手を理論で打ち負かすには、まず学習すること、公民館の役割を認識し、公民館について勉強することの必要を感じるようになっていた。

新しい公民館のイメージ

国立市公民館の『主婦とおんな―国立市公民館市民大学セミナーの記録―』（未来社）の「はしがき」で職員の徳永功は次のように述べていた。

次の3つの役割は公民館独自のものとして強調されるべきだと思う。

（1）公民館はすべての人にとっての自由なたまり場、自己解放の場である。
（2）公民館は集団活動の拠点である。
（3）公民館は市民にとっての私の大学である。

そしてこの3つの要素をあわせもったムードのある文化的教育的機関として「新しい公民館」をイメージしたい。文化的公共施設の乏しい茅ヶ崎市にあって、徳永の

公民館づくりを始めた頃

いう「新しい公民館」を望む機運は高まっていった。

（社会教育推進全国協議会「住民の学習と資料」12号（1982）「運動のあらまし」に加筆　1982年）

2．茅ヶ崎市の公民館をつくる会と「息吹き」発行

公民館について勉強する会

1975年当時、30代後半で、子育て真っ最中であった私は、保育の問題だけではなく、だれでもが気軽に参加できる真の社会教育体制を確立するにはどうしたらいいのか模索しつつ、運動にふみ切ることにした。

公民館が欲しいというからには、まず公民館について知らなければならない。市との交渉をするにしても、相手を納得させるだけの理論を身につけないといけないと思った。勉強する会を発足するのに社会教育課の職員の助けを借りて、いろいろな人を紹介してもらった。これまでに公民館が欲しいと陳情した人、子ども劇場、消費者運動、文庫、PTA、高校増設、母親クラブ、子ども会、などさまざまな活動をしている人が集まった。集まって話し合いをした結果、「公民館について勉強する会」と

し、11月から毎週火曜日に勉強会をすることになった。

１９７５年の9月議会に「浜須賀学区に地域公民館の早期建設を求める陳情」を２００５名の署名をそえて出した浜須賀学区子ども会連盟の代表者にも学習会に参加してくれるよう連絡をつけた。この陳情については、公共施設はおろか、地域の集会所もない浜須賀学区に、子ども会の活動の場としても公立公民館があったらという願いで運動が始まった。はじめての議会通い、市会議員との交渉、自治会との折衝、地域の自治会のなかには子ども会が音頭をとって陳情するなんて自治会のメンツをつぶされたように感じるのか圧力をかけてくるのもあり、どれ一つとっても未経験なことばかりで大変だったが、この陳情は12月議会で採択された。

最初は「公民館」という映画を見て、話し合ったが、おのおのが公民館に対するイメージが違っていて歩調が合わなかった。しかし、勉強をするにつれて公民館というものの共通認識を持てるようになっていった。

3年目の１９７７年には、東京都教育庁社会教育部がまとめた「新しい公民館像をめざして」をテキストに学習を重ね「茅ヶ崎市の公民館像をもとめて」をつくりあげた。

茅ヶ崎市に公民館をつくる会

公民館について学習するだけではなく、運動を進めていかないと公民館はできないという意見が出て、学習と運動体の2本建てにすることが決まった。１９７６年4月には運動体としての「茅ヶ崎市に公民館をつくる会」を発足した。「公民館について勉強する会」の会員は全員「つくる会」に入ったが、いろいろな団体にも呼びかけて入ってもらった。

6月には第1回目の市長交渉をしたが、「市民会館が全般的な声である」いうことが返ってくるばかりであった。この時の様子はテープに収め、テープ起こしをして「市長交渉の記録」と題した冊子を12月に完成させ、売りさばいた。

それから「地域公民館に関する意見・要望書」を市長と教育委員会に提出したが、これは３００部印刷し、市会議員全員に渡し、関係各方面に配布した。そしてそれをたずさえ、１９７６年の東京で開催された第16回社会教育研究全国集会に初めて参加することにした。この全国集会に参加してみて感激したメンバーは、「第16回社会教育研究全国集会、茅ヶ崎からの報告集」を５００部作った。

市の計画は動かず

市長は1969年の総合計画のなかに1977年までに公民館を建設すると入れておいたにもかかわらず、公民館が日の目を見なかったのは単に金がなかったから、金だけの問題であると言いつつも、20億円もかけるとかいう市民会館優先を主張する。市民会館建設は全般的な声だとし、公民館などいつ建つのやら、そのメドさえつかぬありさまだった。保育についても、なんら前進がないばかりか、公的に社会教育を受ける権利などまったくかえりみず、そのくらい自分たちでやったらどうなんだと市長は言うばかりであった。

それでも、11月の第2回交渉で「次期総合計画に地区公民館を必ず入れる」という約束をとりつけることができ、12月には現在地に市は用地を取得するところとなった。

会報「息吹き」

「茅ヶ崎市に公民館をつくる会」の会報を出すことは当初からの課題だった。私たちはペンの力を信じていた。1976年9月には広報委員4人で会報の名前を「息吹き」にすることを決定し、具体的な内容についても話し合っていた。

タブロイド版にするのはあきらめ、ワラ半紙にガリ刷りで地道にやっていこうということになった。

１９７７年1月に創刊した。「息吹き」の内容は、公民館の会についてのPRを主に、市内在住の人に書いてもらったり、市内在住の人の著書を紹介したり、茅ヶ崎の文化を掘りおこしもしていた。

毎月原稿がたくさん集まり、号を追うに従ってページ数が多くなって、毎月出すのには苦労した。何しろ謄写版を借りて、家でバタンバタンと一家総出で印刷し、ステープラで止めて製本をした。発行から10年は、毎月５００〜６００部印刷していた。

会報の他に、１９７７年夏に戦後32年、33回忌を記念して「私の八月十五日」を企画し、刊行した。戦争体験を次の世代へと語り継ぎ、あらためて平和の意味を問い直そうと企画したものだった。10集までは別冊で、以後は「息吹き」のなかに特集という形で組み込まれ現在に至っている。

「息吹き」の印刷・製本の時には会員の何人かが手伝いに出るが、その時のおしゃべりが、今も昔も変わらず、とても楽しい。

市の姿勢が動く

１９７６年８月も終わりになって「地域公民館設立に関する意見・要望書」を市長と教育長に提出した。文中で「教育基本法は社会教育の主要施設として、その条文の中に具体的に図書館、博物館とともに公民館を明示しています。社会教育法はこれを受けて、公民館は地方自治体の責任で作るもので、設備とともにスタッフを置くことを公民館の定義としてかかげています。つまり公民館活動を公教育として位置づけ、社会教育行政はその内容に干渉するのでなく、国民が自発的に学習活動を行うことを保障するために施設などの条件を整備することであることを明示しています」と施設などの条件整備は行政責任であることを訴えた。

また「茅ヶ崎にも、いま期せずして市民の間に起っている地域公民館を要求する声は起るべくして起ったといえます。私たちは、さまざまな社会教育活動に参加してきた経験をもとに、公民館の早期実現を強く要望する仲間として集い、さらにこの運動に賛成する市民を迎えつつあります」と自分たちの立場を説明していた。

「昭和51年度の市の一般会計予算１１４億のうちに占める社会教育の費用は０・１％であり、公民館的活動に使われる予算は市民の社会教育関係グループ・サークルへの委託金50万円と教育委員会主催の講座などの費用38万円、合計88万円にすぎず、一般会計予算の実に0・008％にすぎません。そして15万の市民をかかえる当市の教育委員会に社会教育主事は1名しか在職していない実情です。」と茅ヶ崎の社会教育がいかに冷遇されているかについて、数字をあげて訴えた。

最後に、小学校区毎に公民館を建設すること、公民館建設計画を1978年度以降の当市基本構想および市総合計画のなかに明確に位置づけること、市民参加による公民館建設を行なうこと、社会教育委員の任命に際しては、社会教育に精通もしくは実践経験のある人を選ぶこと、社会教育広報紙を発行することなど17項目を要望し、10月末を最終期限として回答をせまることにした。

11月に入ってから市長、教育長との話し合いの結果、地域公民館建設を次期基本構想のなかには必ず入れるという確約をとりつけ、それなりの成果はあったものの、文書による回答は、要望した17項目のうち、わずか1項目の学校開放だけ取り上げて、社会教育の場の不足から学校開放を検討するといったわずか10行ほどのものだった。

公民館をつくる会の活動は続く

1976年11月に第1回ゆたかな教育と文化を考える茅ヶ崎市民の集い、を教師、父母、教育と文化に関心のある人々で行ない、公民館をつくる会のメンバーも多数参加し、世話人としても活躍した。その後、この集いから「教育と文化を考える茅ヶ崎市民の会」ができ、毎月テーマをきめた学習を続けてきた。1977年の第2回の集いには、資料集として「みんなの教育と文化」を出している。

1978年の市民教養講座〝地域・くらし・そして「私」の発見〟は小和田地区にある農協東部支所2階会議室で5月から7月まで毎週行なわれたが、この講座は茅ヶ崎で初めての試みとして企画準備会がもたれた。保育もなんとか受講生のなかからのボランティア（公民館をつくる会のメンバー）と専任保母（費用はカンパで）で行なった。

1977年度の学習のまとめとして「茅ヶ崎市の公民館像をもとめて」という冊子を作った。東京都教育庁が発行した「新しい公民館像をめざして」という下じきがあったからこそできたといえばそれまでだが、骨組みはもらっても肉づけは自分たちでしようと、ああしたらこうしたらと、ずいぶん頭をひねったものだ。

公民館計画が具体化する

公民館はあくまでも市民会館のあとと言い張っていた行政側も、公民館をつくる会がねばり強く市長交渉を重ねたり、市民からの要望があったりするうちに、1977年12月には、12月の補正予算で小和田地区公民館用地費とし1億2750万円が計上された。総合計画審議会の公聴会でも、小和田地区公民館については、はっきりと規模として700平米くらいのものを建てると市当局は説明していた。計画案としては児童室、老人室、図書室を公民館に入れるとなっていた。

結局、総合計画のなかに1985年までに公民館4館建設が入ることに決定した。市内全域に8館建設するという計画がたてられた。

1978年の6月議会では小和田地区公民館は1979年度中に建設ということがはっきりした。茅ヶ崎における第1号公民館が、いよいよ、実現するところに来た。

（『息吹き　公民館づくり書き続けて300号』「息吹き発行前史」に加筆　2012年）

第2章　市民運動でめざした公民館像

1．茅ヶ崎市の公民館像をもとめて

市民が自治体の公民館のあり方を見通すために、市民みずからの力量を身につけるための学習活動が手始めに動き出し、取り組みは、自分たちに必要な施設像を明確にすることであり、その上に立って学習権の保障のすじみちを明らかにしていくことから始まった。以下、そのスタート時点で私たちが描き出した⑴公民館像の役割（1～5）は、公民館とは何かを示し、そのために公民館が具体的に保障し、実質化するための制度的保障内容は、⑵公民館の運営原則（1～7）に示している。

(1) 公民館の役割

1. 公民館は住民の交流の場です。

公民館はすべての市民に開放された施設です。子どもも、青年も、壮年も、乳幼児も、またその母親も、老人も、身障者も、すべての人々が自由に気軽に利用できる施設でなければなりません。

いろいろな考えをもっている人、いろいろな趣味をもっている人が気軽に集まり、資料に目を通したり、必要な印刷をしたりするうちに、お互いの輪が広がり、仲間がだんだん増えていく、そのような交流の場がまず公民館にはほしいものです。

茅ヶ崎市でも都市化が進み、核家族家庭も多くなり、地域の中で一人ひとりが孤立し、ともすれば自分自身の生きがいを見失いがちです。このような人たちが公民館に来て、多くの仲間をみつけることができる、また各種の学習やサークルに参加するきっかけをつかむことができる、そんな場がまず公民館になければなりません。

2. 公民館は住民による集団活動の拠《よ》りどころです。

茅ヶ崎市では、陳情、請願文にもみられるように、市内で活動している団体・グループがその活動の場を切実に求めています。

住民の自主的な諸活動が多方面において活発に展開されていくことが、その地域の豊かさを象徴することになるといえますが、その活動をささえる拠点、それが公民館の役割のひとつでなければなりません。

集団活動の場として各グループがいつでも使えるだけの部屋数も必要ですし、自由に使えるロッカー、準備・相談のためのコーナー、そして活動の展開をたすけみのりあるものにするために、求めに応じて助言をしてくれる社会教育の専門職員がいることが大切です。

地域全体が豊かに向上するためにも各団体・グループが相互に連帯し、協力していくことが重要なことになってきます。

3．公民館は住民のための学習の場です。

地域社会のさまざまな変化、ひずみが、今日ほど私たちの生活に切実にひびいてきている時はありません。教育の問題、子どもをめぐるさまざまな問題、老齢社会への問題、公害の増加、自然の喪失、食品への不安、そのどれもが私たちの日々の生活をおびやかしています。そのなかで、自分の生きる道、生きる姿勢を確立するために、主体的な判断力や認識力を身につけることは大変重要なことになります。そのためにも、生涯の各時期にわたって学習を続けることにより、その問題点を把握し、解決の方法をみつけることが大切です。一人ひとりがよりよく生きる地域社会をめざすことは、憲法の理想を実現することになりますし、公民館での学習が、その基礎になくてはなりません。

そのような、住民一人ひとりの学習へのきっかけをつくるために、公民館は、さまざまな講座を主催します。公民館職員は、その学習がひろがり、深まるように助言を行なわなければなりません。公民館での学習は、そのような問題を解決するための学習と平行して、生活を豊かにする絵画や音楽、手芸や料理などの学習、スポーツ、レクリエーションも当然忘れられてはならないものです。また、継続的な学習を積み重ね、今日の学問の及ぶ限りの水準まで近づける学習も公民館でできるように努力されることが必要です。資格も卒業証書もないけれども、公民館は自由な私たちの大学であってほしいものです。

4. 公民館は住民による文化創造のひろばです。

公民館は地域社会に密着したものでなければならないわけですが、文化もまた、私たちの生きている環境や生活から離れて存在するものではありません。地域に伝えられている文化財の保存及び継承、絵画、彫刻、音楽、生花、料理、その他もろもろの活動も、けっして上から与えられたり、固定化されたものではなく、私たち住民の日常の活動を通して自分たちの生活に根ざしたなかから生み出され発展してくるものが本来のあり方だと考えるからです。

一年間の公民館活動の節日をつくる「公民館まつり」、「公民館文化祭」の催しは単なるおけいこごとの発表ではない、生活に根ざした学習の総決算でなければなりません。公民館での文化活動は個人の向上に止まることなく、その地域全体の文化的雰囲気を高め、ひいては地域に根ざした文化を創り出していく役割をもつものです。

5. 公民館は住民自治をすすめる原点です。

住民がみずから学習して、実際生活に即した諸問題に目を向け、原因を追求し、解決の方法を見つけてゆくことこそ、現代の社会が要求している「住民自治」の基盤となるものです。

「住民自治」は今「市民参加」「コミュニティづくり」「ふるさとづくり」「地域づくり」「まちづくり」とさまざまなことばで市民に呼びかけられています。高度経済成長政策の影響で無秩序に肥大してしまった茅ヶ崎市でも地域の見直しをする必要にせまられています。

茅ヶ崎市の新しいまちづくりの前には多くの都市問題が立ちはだかっていますが、これを乗り切ってゆくのは、市民の総合的な文化の力です。自由に批判し、民主的な市民の直接参加によって市民が持っている創造力を出し合い、自治をすすめていくといった意味の文化的な力です。このような市民の文化的な力を高めていくには、市民が主体的に学習していくよりほかにありません。

たとえば、行政は必要な情報を市民に公開しなければなりませんが、市民がその情報をどう生かすかは、市民の学習にあります。

これからは市民みずから自主的に地域の秩序をかたちづくっていかなければなりません。お互いのプライバシーを尊重し合うなかで、平等で、明るく、開かれた人間関係もつくり出さなければなりません。地域内の住民同士が互いに理解と信頼感を高めて自発的な連帯感がもてるようなコミュニティをつくっていくことも必要です。このような市民社会をめざして努力してこそ、「人間性の回復」とか「いきがい」が実現され、新しい市民文化が生れることが期待されます。こうしたことはいずれも市民の学習課題です。

市民は公民館につどい、ふれあい、いろいろな学習に参加して地域社会の課題の解決に力を合せていかなければなりません。その学習権を公に保障する場が公民館です。

(2) 公民館運営の原則

1. 自由と平等の原則

〔公民館は住民に自由に、そして、平等に解放されなければなりません。〕

現代に生きる私たちは、個人として尊重され、幸福を追求する権利を持っています。個人の意志で自由に集まったり、学習したり、いろいろな活動にたずさわる権利を持っています。このことは憲法第3章「国民の権利及び義務」に記されている基本的人権です。社会教育施設として位置づけられている公民館は、住民の自由な学習や文化活動ができる場であることが必要です。教育基本法の理念と社会教育法に規定された公民館の役割をてらし合せてみると、そのことがはっきりします。すべての住民に自由に開かれた公民館であるためには、公民館の運営が大切です。子どもは汚すから使わないようにとか、身障者には使いにくいとかいうことがあってはならないし、住民の自由な学習の内容にまで立ちいってチェックするというのでは困ります。

公民館は住民に自由に利用されると同時に、差別なく平等に解放されなければなりません。憲法では国民は等しく教育を受ける権利があるとしていますし、教育基本法、社会教育法では、市町村は「あらゆる機会、あらゆる場所」を通して国民の文化的教養を高めるための施設や設備の他、そのためのよき環境づくりをしなければならないとしています。ですから、公民館は住民の自由な学習や文化活動の権利を差別することなく、平等に保障していけるよう条件整備を十分にしなければなりません。団体、個人を問わず、住民はみな等しく公民館を利用できるのです。利用にあたっては団体優先になりがちですが、個人をも大切にしていくことを忘れてはなりません。

2. 無料の原則

〔公民館は無料で住民に開放されなければなりません。〕

公民館が住民のための学習・文化活動の場として、また気軽な交流の場として、差別なく平等に使われるには無料でなくてはなりません。それは個人的な利用であっても、団体やグループが利用するときでも同じで、公民館は住民が積極的に使っていく住民自身の施設です。社会教育関係団体として行政に認定されたものだけが使用料の減免措置を受けるというようなことではなく、社会教育活動のために使用する場合はだれでも無料で使えるものでなくてはなりません。

学校教育が原則として無料であるように、社会教育もすべての国民の学習する権利としてある以上、そのための公民館の無料の原則は当然のことです。公民館が基本的には無料であることは明記する必要があります。

社会教育における行政の役割はその内容に立ち入るのではなく、条件整備にあるわけですから、公民館の施設、備品、資料、公民館が主催する事業などの経費はすべて行政の負担になることはもちろんです。そのほかの条件整備についても、行政の努力でどこまでも豊かになされることが望まれますが、どういうものが無料で、何が個人負担になるのかは、市の財政全体の中で社会教育をどれほど重視するかによって変ります。その基準は市民参加によって市民の合意をえながら、計画的により豊かなものにしていく必要があります。

3．学習・文化機関としての独自性の原則

〔公民館は住民の学習・文化機関としての独自性を持たなければなりません〕

教育を受ける権利、つまり学習する権利は国民一人ひとりがもっている基本的人権で、だれもこの権利に干渉したり、この権利をおかしたりすることはできません。このことを明記している憲法を受けて、教育基本法も教育行政の役割を教育の条件整備に限定しています。この国民の権利と行政の関係は、学校教育でも社会教育でも同じです。

公民館はすべての市民のこの基本的人権を社会教育の分野で守り、育てていく機関です。いいかえれば、公民館は市民が自由に、自主的に行なう学習・文化活動の拠点という役割を持つものなので、「一般行政」から独立した教育機関本来の独自性をもって、市民の学習権を保障していかなければなりません。さらに、社会教育を実際に行なう機関としての公民館の役割は、公民館の施設を作ったり整備する「教育行政」とも明確に区別されなければなりません。

それでは具体的に、どのように独自性を保っていくかということについていえば、次の4点をふまえることです。

① 公民館運営審議会の重視

公民館を民主的に運営するために市民によって構成するこの運営審議会は公民館職員と協力して、社会教育機関としての公民館の独自性を保ちます。

② 職員の職務の自立性と主体性の確立

社会教育について十分な専門的知識をもつ公民館館長と職員はともに、多種多様な要求をもつすべての市民のための援助者であり奉仕者です。館長も職員もこの役割の自主性をみずから自覚することが必要です。また、直接住民とかかわり合って職務をすすめるそれぞれの職員の専門的知識と意志が十分に生かされ、職負の主体性が保たれなければなりません。

③ 館長の独自の権限の確立

公民館館長は公民館事業の企画・実施の権限と、そのための予算執行権を持って、行政から命令や干渉を受けないで、市民が自由に学習・文化活動ができるようにする公民館の独自性を保たなければなりません。

④　行政の制度的保障

館長の独自の権限や、館長を含む職員の職務の自主性や職員の主体性を保障するために、行政は、社会教育に十分な専門的知識をもち、意欲的な人を任命しなければなりません。館長、職員の研究や研修の機会も十分に保障しなければなりません。そして、条例によって、館長、職員が専門職として位置づけられなければなりません。

市民の自主的で自由な活動が差別なく、いつでも保障されることは、とりもなおさず憲法や教育基本法の理念が生かされることです。このことは、行政から独立することによってはじめて保障されることになるわけです。

4．職員必置の原則

〔公民館には専門職員が必置されなければなりません。〕

公民館と同じ社会教育施設である図書館には司書が、博物館には学芸員が専門職員として配置されています。公民館には社会教育主事の資格をもつ専門職員が置かれなければなりません。

教育行政の役割は、すべての住民の学習権を保障するための条件を整備することですが、これを具体的にいえば施設を作り、職員を置くことです。したがって、社会教育の機関である公民館もこの両方を市民に提供します。

公民館の職員は、住民みずからが学習・文化活動をより豊かにすすめていくとき、住民の求めに応じて適切な助言、援助をしてくれる人たちです。人間、社会、自然について科学的に、系統的に、継続して学習しようとするときにそれを支えてくれるのが職員です。しかし、公民館の職員は学校の先生とは異なり、一方的に教えるという仕事をするのではなく、あくまでも住民の助言者です。

ひとりで参加する人にも助言し、サークルやグループ相互の結びつきにも役立ち、資料を提供し、保育をする場合の相談相手にもなってくれます。また、公民館の施設を充実、整備して、公民館を使う住民に公民館がより魅力的なものになるようにするための研究をして、公民館運営審議会や行政に提案してゆく任務も持っています。

このような仕事をする職員には社会教育に十分な専門知識が要求されますし、住民と常に接して住民の意向を公民館の事業の企画、立案、実施に反映させてゆく識見や能力も求められます。
このような職員が各公民館に配置され、住民と協力していくことによって公民館の活動はよりゆたかになります。

5. 地域配置の原則

〔公民館は、住民にとって身近な場所に配置されなければなりません。〕

公民館は社会教育のための施設であり、住民が身近に当面している問題を解決する場であるとともに、都市化によってつながりの失なわれた地域社会にあたらしいつながりを育てていく場でもなければなりません。

それには老若男女差別なく、ふだん着のままで気軽にいつでも利用できることが必要であり住民にとっては近いほどよいことになります。

平塚市では原則として1小学校区に1公民館が設置され、現在18の公民館をもっています。そして人口増に見合い順次建設を進めています。

藤沢市では1中学校区1公民館ということで13館の計画がたてられ、現在10の公民館があります。しかしもっと身近に公民館がほしいという住民の要望は根強く、今進められている総合計画の中でこの計画は見直されようとしています。

茅ヶ崎市を考えてみますと、今小和田に第1号の公民館が建てられようとしていますが、利用しやすい範囲は歩いて10～15分の人たちです。そのために半径1㎞の円を描いてみますと、対象人口にして2万人程度になります。また全市民に開かれたものとして、市内の他の地域からも参加できるように交通の便も考えられなければなりません。

住民の学習、文化創造活動の権利をできるだけ平等に保障していくためにも、公民館は市内のどこに住んでいても身近なところになければなりません。

6. 住民主体の原則

〔公民館の運営には、住民の意志がつらぬかれなければなりません。〕

公民館は住民の意志によって運営されることが原則となっています。住民のための施設として、住民による運営がなされることは、社会教育法29条によって位置づけられ、公民館運営審議会は、必ず設置するよう義務づけられています。(現在は設置義務ではなくなっている)。

公民館運営審議会は、「公民館における各種事業の企画、実施につき調査審議する」機関ですから、運営審議会の委員は、公民館活動の主体である住民を、広く代表することが大切です。そのためには社会教育活動を実際に行なう公民館利用者と、社会教育について専門的な識見と意欲をもつ人とによって構成されなければなりません。地域に設けられる公民館が、きめこまかな運営をするためにも、運営審議会は、公民館ごとにおかれることが必要です。また、各公民館が、すべての市民に開かれたものであるために、運営審議会委員は、公民館の近くの人に限られてはなりません。審議会の審議は公開を原則とし、諮問から答申までの過程を資料にまとめ公開するなど、あらゆる機会をとおして、住民に開かれた運営がなされなければなりません。

法律上制度化された運営審議会とあわせて、他市では次のような方法で住民の意志を公民館運営に反映しています。公民館利用者懇談会、公民館報の編集、主催講座、各種のつどいの企画準備に参加する、保育室運営会議を設けるなど、多様な方法がとられています。また新しく公民館がつくられる時には、住民の意志が十分反映されたものになるように、公民館の説明会や住民集会を何回も開き、施設の面でも、運営の面でも、住民の意志がつらぬかれるよう配慮されなければなりません。

7．豊かな施設整備の原則

〔公民館の施設は住民の求めにそった豊かな内容のものでなければなりません〕

豊かということは、建物がりっぱ、設備がりっぱということではありません。住民の願いを十分に表現した施設であるということです。今までの施設はどちらかというと、団体に属している人が使いやすい、団体中心の施設が多いようですが、これからは、個人が自由に気楽に参加できることを中心に施設を考えていく必要があります。建てられる地域の独自性も考慮に入れることも重要で、ふだん着でも、子どものドロ足でも入れるような、住民の日常生活に密着した施設であるべきです。（以下、省略）

（「茅ヶ崎市の公民館像を求めて」公民館について勉強する会 1977年に加筆、修正）

2．運動の拠《よ》りどころとして

社会教育法との出会い

近所の友人が「市民教養講座で憲法学習があるんだけど行かない？」と誘ってくれ

たが、何せ堅苦しい勉強は苦手だから、講座のある時は私の子どもと一緒に、彼女の坊やのお守《も》りを引き受けることにした。法学部出身の彼女とちがい、法規といえば交通法規くらいしか馴染みのない私だった。

私と社会教育法の出会いは、1975年に「公民館について勉強する会」という委託市民学習グループをつくり、その学習過程においてである。その時の私は社会教育という言葉の意味さえ定かには知らず、ただ教育委員会主催の市民教養講座に子連れでも行けるよう条件整備をしてほしい、そのためには公民館ゼロの茅ヶ崎にも、保育室のある公立公民館がほしいという願いに駆られて、公民館についての勉強をと市内各地の個人やサークルに呼びかけたのだった。

学習会では憲法、教育基本法、社会教育法に触れることになる。六法片手に、これら法規とひたと向きあっての学習。一人だったら途中で放り出してしまったかもしれないが、公民館に寄せる熱い思いを同じくする仲間との学習である。後へは引けない。学習が運動を支えるということもわかってきたからみな励まし合って勉強した。「国及び地方公共団体は……すべての国民があらゆる機会、あらゆる場所を利用して、自ら実際生活に即する文化的教養を高め得るような環境を醸成するように努めなければならない」という社会教育法の第三条を運動の拠りどころとし、これまで公民館建設についての請願、陳情等すべて議会では採択されているにもかかわらず、公民館建設に踏み切らなかった行政の怠慢を追及していかねばならないと思うに至った。

私たちの運動の成果ともいえる第一号公民館が建設される。運営はどうするのか等々、問題は数々あるが、公民館建設以後にも、これまでの学習を生かしていきたいと切に思っている。

小和田公民館の開館

市は1978年8月に「仮称小和田公民館建設についての話し合い」を開催している。その一方で、地域では青少年広場だった所に、なじみのない市立公民館建設についての近隣住民の反対があった。それを説得して「仮称小和田公民館建設小委員会」が、各分野の代表に地域住民の代表を加えて24名で発足したのは、10月のことだった。

「建設小委員会」で議論の中心になったのは、障害者の利用のためにエレベーターを設置してほしいという「公民館をつくる会」からの要望だった。当時はまだその機運は薄く大方の理解は得られなかったが、建設小委員会の「要望書」には「油圧式エ

第１号公民館　小和田公民館開館

レベーターを設置する」としている。エレベーターは実現しなかったが、階段の傾斜はゆるく設計されている。

2階建ての公民館にエレベーターが実現したのは、第5館目の「香川公民館」においてである。

名称についても議論となった。「小和田公民館」と「松浪公民館」が「要望書」には併記されたが、行政の判断で「小和田公民館」とされて、１９８０年5月8日の開館の日を迎えた。

10年もかかるかと思った公民館建設の夢が、１９８０年の小和田公民館建設で叶ったのである。そして公民館保育の費用がついたのは、その2年後だった。小和田公民館報第一号・『公民館だより　小和田』で植村真弓さんが「子育ての中でも学びたい」という詩の最後にこう書いている。

「茅ヶ崎の講座における保育」

それは大勢のお母さんたちの努力の積み重ねと

大勢の人達の励ましと支えによって
やっと手に入れることができた
「たからもの」なのです

今のお母さんたちは感じているかどうかわからないが、保育をしてほしいという切実な願いに突き動かされて、公民館づくりの運動によって茅ヶ崎市に公民館が生まれることになったのである。

（「月刊社会教育」6月号　1979年）

3. 施設づくり運動から地域づくり運動へ

それは保育で始まった

茅ヶ崎市に「公民館について勉強する会」が生まれたのは1970年代の半ば、1975年の秋であった。

この運動が茅ヶ崎で始まって以来の市民運動といった評価を受けているが、名もない主婦たちの草の根運動であったこと、運動の理論とか、そんなことは何も知らなかった。ただ自分たちの要求を市に認めてほしいと、子を背負い、しゃにむに市役所まで押しかけていった主婦パワーによるものだということである。

それまでに公民館建設に関する市民要求がなかったわけではなく、1960、1963年に「茅ヶ崎市立公民館建設に関する請願」が市議会に提出され、採択されているし、1973年には小出地区の子ども会から「小出地区公民館の建設に関する陳情」が出され、これも採択されている。このように請願、陳情が議会で採択されても、公民館建設に踏みきらなかったのはどういうわけか。

運動は一回きりで終わってはいけない、継続して長い道のりをいかなくてはいけないことを私たちは学んだ。行政の厚いカベに挑むには、まず学習すること。公民館とは何かを知らなくてはいけないと、学習会をつくることにした。

公民館について勉強する会

茅ヶ崎には、市民学習グループ委託制度があり、10名以上の会員で年間20時間以上のプログラムを組んで社会教育課に申し込むと、講師料等の委託費が出る。児童文化の学習グループをつくる予定で申し込みしたのを、公民館の学習に変えるということで、社会教育課の職員に了解してもらった。

公民館の学習会をつくるにあたって、市内各地から志のある人に集まってほしいと思った。職員の助力もあり、いろいろな人と接触できた。1973年に小出地区子ども会が公民館建設の陳情をした時の代表者、子ども劇場、子ども会、消費者運動、文庫、母親クラブ、PTA、高校増設、親と子のよい映画を見る会といったさまざまな活動をしている人々が集まった。主婦ばかりでなく、男性数名も参加して「公民館について勉強する会」は11月4日から毎週火曜日に学習するようになった。

茅ヶ崎市に公民館をつくる会

学習だけではなく運動も展開していかなくては公民館がいつ実現するのやらわからないという意見も出てきて、1976年4月に運動体としての「茅ヶ崎市に公民館をつくる会」が発足した。「公民館について勉強する会」は全員が個人加入、または会としても団体加入した。いろいろな会合でもよびかけをして、年配の方も入会した。

6月10日には早くも第1回目の市長交渉。浜須賀学区子ども会連盟が出した公民館建設の陳情が縁で、文教厚生常任委員会が仲介の労を取ってくださり実現した。この時、市長は市民会館建設が優先であるとしてゆずらず、公民館は10年先になるのか、メドもつかないありさまだった。これは「公民館建設に関する市長交渉の記録」として、誌上録音したものを原紙32枚にガリ切りし、約1万枚の紙を使って手刷り印刷機で300部製作した。

8月も終わりになって「地域公民館建設に関する意見・要望書」を市長と教育長に提出。これには17項目を要望し、10月末を最終期限とし回答をせまった。この「意見・要望書」は300部印刷して、教育長にあって回答をもらったが、とにかく公民館建設を次期基本構想に入れることだけは確約してくれた。

1977年の4月には、社会教育委員である県議会議員の方の仲介で3回目の市長交渉をやった。市長は1980年完成予定の市民会館とダブってもなんとか一館ぐらいつくっていきたいといわれ、茅ヶ崎の公民館建設のメドがついた。

機関紙「息吹き」

公民館をつくる会の機関紙「息吹き」は1977年の1月から毎月発行した。ワラ半紙4枚から7枚（その月によってちがうが）のガリ刷りの粗末な機関紙だが、発行部数は毎月５００から６００部。定期購読者も多い。

つくる会では、まず広報を重視し、積極的に広報活動を行なってきたが「息吹き」を毎月出すしんどさも、出すことによって確実に共感あるいは共鳴する人が出てくることによって報われている。

「息吹き」は単に公民館のPRにとどまらず、茅ヶ崎の教育と文化の交流紙であると自認している。「息吹き」は市内だけではなく、遠く北は北海道、南は沖縄まで送られている。

そのうち何号分かまとめて一冊の本にしようという案も出ている。２号から連載している島村孝子さんの「娘鉄道員」はそのあけっ広げの語り口のうまさ、ユーモアのセンス、そしてちょっぴり泣かせたりして、多くのファンを掴んでいる。完成の暁には、どうしても一冊の本にまとめよう、そして盛大な出版記念会をやろうと会員たちで話しあっている。ただ、この連載が終ってしまうと、「息吹き」に穴があいて読者のガタ減りが心配される。

また１９７７年夏から出し始めた戦争体験記「私の八月十五日」は出し続けている。

教育と文化を考える茅ヶ崎市民の会

１９７６年５〜６月に開かれた「子どもの教育とＰＴＡを考える」教育問題講座がきっかけで、「ＰＴＡの交流会」をもちたいという参加者の声が「教育を考える会」と発展していった。11月に「第一回　ゆたかな教育と文化をめざす茅ヶ崎市民のつどい」開催ときまり、１００名のよびかけ人を募った。事務局につくる会から何名か入っていたので、よびかけ人もつくる会から大勢出したし、当日の分科会の司会、書記といった担当にも多くかかわった。おわりの全体会で「教育と文化を考える茅ヶ崎市民の会」を結成。市民の会の目指すものは民間の教育・文化運動であり、意見の違いをのりこえて、地域の教育・文化をともに考えていく、提案や要求をまとめる、白書づくりをすることなどである。

第1年度は毎月分野別の学習会が開かれ、この学習会を基に「みんなでつくる教育と文化」第1集をまとめ、第2回「つどい」につないだ。第2回の「つどい」は課題別分科会と講演会で、第1、２回のつどいでは保育も実施した。

第２年度は学習会をもつとともに、行政への要望書の提出、市民へのアンケート調査、団体へのアンケート調査、各団体と協力しての予算要求というように活動の中味も広がっていった。「みんなでつくる教育と文化」第2集は市民の手でつくる教育白書として行なわれた。

市民の会の事務局や世話人には、つくる会のメンバーが入って、がんばっている。

図書館づくり運動

1977年の秋から市内にある文庫の交流会が何回かあり、文庫の実態を知るためのアンケート調査をやり、このままではいけない、茅ヶ崎の図書館づくり運動をしようと、1977年3月議会に「市民図書館の充実と地域文庫助成の請願」を提出。内容は①図書館資料費の増額、②図書館職員の増員、③自動車文庫（B・M）と自動車文庫の基地となり得る図書館の新設、④文庫の助成、である。これは継続審議となり、6月議会に持ち越されたので、署名を集めることにし、40文庫1万8073名の署名簿を添えたので、6月議会で採択された。

成果としては、専任館長の配置、わずかではあるが職員の増員、新設図書館用地の買収、B・Mのための図書費、そして今年10月2日からB・Mが市内12カ所を巡回するようになったこと等があげられる。

これを機に、茅ヶ崎・文庫連絡会もでき、市民学習グループ〝茅の会〟も生まれた。

市長選挙

1979年4月の地方選挙、それも市長選に市民連合代表として会員の重岡健司さんの出馬が、その2ヵ月前に決まった時、メンバーはそれまで彼が意を決した以上、力になるのは当然と、会として彼を推薦こそしなかったが、個人として応援するということで全面的にバックアップした。選挙事務所での下働き、たき出し、選挙期間中のウグイス嬢（?）、電話での投票依頼、はたまた個人演説会における応援演説、ビラ配り、地域におけるミニ集会の開催等々およそできることは何でもした。それは、公民館づくり運動の過程のなかで「市民が政治の主人公」であることがはっきりわかったためでもある。

茅ヶ崎市民連合は、市民運動によって明らかにされた市民要求を中心に、221項目にのぼる政策をまとめたが、このなかの教育や文化に関しては、教育と文化を考える市民の会が市総合計画に対する要望として提出した77項目を基本にしている。

彼は職場を休んでの2ヵ月間、「都市計画は市民参加でつくっていく」「子どものためを優先させる」ことを訴え続け、精力的に動いたが、準備期間の短いこともあり、現職市長を相手のたたかいという不利もあり、茅ヶ崎初の革新市長の誕生とはならなかった。

同時に行なわれた市会議員選挙では、会員の羽切信夫さん（前）と岩本一夫さん（新人）の2人が当選した。

広がりと深まり

つくる会のメンバーは40人程度だが、主体メンバーは「公民館について勉強する会」とダブっている人たちである。前記男性陣3人の他、老人トリオとして井上清四郎、進藤弥、久保利鷹さんがいる。いずれも70歳をこえる年配者だが、精神の張りは若者に劣らない。

私たちの運動は、来年小和田に公民館を開館させることで一応の成果があったが、単に施設をつくるだけでなく、その中身を求めている。つまり茅ヶ崎の文化をつくろうとしている。教育は文化を高めるためにある。

そして、茅ヶ崎の文化は、今花開く前のつぼみの時期なのである。茅ヶ崎の公民館がよくならなければ、日本の社会教育はよくならないという意気込みで、80年代を迎えようとしている。

（「月刊社会教育」12月号　1979年）

4．茅ヶ崎に公民館がなかったからこそ私たちは燃えた

70年代、私たちが公民館がひとつもない茅ヶ崎市に公民館がほしいと願った1975年。2歳になった3番目の子どもを連れて、おずおずと市民教養講座「児童文化の現状を探る」に出て行ったのが1975年1月だった。この講座は1月から3月までの毎週日曜日の午後、文化資料館で開かれた。久しぶりの勉強は、学生時代に返ったような新鮮な気分だった。その最終回に社会教育主事から、茅ヶ崎には公民館がないという話が出た。でも、その時はまだ切実感はなかった。

その年の5月、私の家の近くの菱沼公民館（自治会館）で「家庭教育」という市民教養講座があるという。私は母親クラブの会員に呼びかけて、勉強しようと申し込んだ。参加者は50名以上にもなり、子連れでくる受講生も多く、講座は聞きたいが、他

の人の迷惑になってはいけないと子連れの母親たちは真剣に話し合った。結果、保育をしてもらいたいと教育委員会に掛け合いに行った。社会教育課長曰く「公民館があり、その中に保育室があれば保育も可能だろうが、保育費用の予算もないし、現状では保育はできない」

それなら公民館をつくってもらえばいいじゃないの。母親たちはお金を出して保母一人をやとい、あと一人は輪番で保育をするということを決めた。それだけではない。市内各所に公民館をという要望書を１４５２名の署名を添えて、市長、教育長に提出した。

私たちの市には市民学習グループ制度があり、10名以上の会員で年間20時間以上のプログラムを組んで申し込めば、講師料等の委託費をもらうことができるので、「児童文化」のグループを作ることで申し込んでいた。それを「公民館についての学習」に変えてもらい、仲間を募った。社会教育課の職員の助力もあり、いろいろな人と接触して会へお誘いすることができた。10月に「公民館について勉強する会」が発足し、毎週火曜日に学習することになった。子連れの学習は大変だったが、私たちの公民館をつくるために頑張るという気持ちが強かった。

学習するだけでは公民館は建たない、運動をしなければ……という話し合いを続け、まだ自信がないという会員もいたが、1976年4月「茅ヶ崎市に公民館をつくる会」を設立した。「公民館について勉強する会」の会員とほとんどダブっていたけれど、いよいよ公民館づくり運動を開始することになった。

会として、まずやったことは6月に市長交渉だった。市長は市民会館建設が先だと主張し、公民館はいつ建つのやら私たちの不安はつのった。保育の実現も難しそうだった。8月には「地域公民館設立に関する意見・要望書」を市長と教育長に提出した。そして東京で開かれた第16回社会教育研究全国集会に初参加し、分科会で私たちの会についてレポートをした。まったく何もかも日新しいことで、刺激が多い集会だった。三多摩の公民館づくりの先輩たちの助言には、目を見張るものがあった。彼らの運動には、参考になる点がたくさんあった。

一緒に全国集会に参加した社会教育職員Sさんが「月刊社会教育」を読めば、全国の公民館づくりや幅広い社会教育実践の状況がわかると勧めてくださって、その頃から「月刊社会教育」の読者になった。「月刊」との長い付き合いの始まりだった。

1977年1月から広報活動として会報「息吹き」を発行した。私たちは、これまで「市長交渉の記録」や「地域公民館設立に関する意見・要望書」や「第16回社会教育研究全国集会報告書集」（1976年）を発行し、市民に買ってもらって読んでもらうという広報活動をしてきた。活字は大きな力を持っていることを実感していたから、どうしても会報を出し、市民に読んでもらいたかった。準備に4ヵ月くらいかけた。編集に携わる者4人。いい会報にしようと、熱心に話し合った。当初は、一人がガリを切る。それを会員に呼びかけて、みんなで印刷し、1枚1枚紙を折る。そんなまどろっこしい作業をしながら、小さな力が積み重なると大きな力になることを身に沁みて感じる楽しさに魅せられていった。

それから、「社会教育」を読む会もやった。途中で忙しくなって中止していたが、最近また復活して、読む会をやっている。「息吹き」読む会もやりたいという声もある。

市の総合計画の中に公民館建設が入り、第一号の小和田公民館が開館したのが1980年。その後、鶴嶺、松林、南湖、香川ができて5館になっている。

公民館が一つもなかったからこそ、私たちは何としても学習する場が欲しいと燃えた。

私たちは、とことん話しあい、意見を出しあい、お互いを育てあって、よりよい公民館を実現させようと努力を続けた。だから、私たちの仲間意識は、特別なものがあるように思う。欠点も美点も含めて、お互いを認め、信頼しあっているのだ。

昨年（２００７年）５月、市長が公民館運営審議会連絡協議会の席上で行政改革のため２０１０年度までに市職員を１１１名削減し、公民館の常勤職員を15名から５名とし、公民館には指定管理者制度を導入したいと提案した。そのため、導入を検討する公民館運営検討委員会ができた。２００７年の終わりまでに、その最終報告書はできるはずだ。議会の教育経済常任委員会には公民館に指定管理者制度導入に反対する陳情が４件（私たちの会も出した）出ていて、継続審査になっている。

９月29日、高校歴史教科書検定で沖縄戦における「集団自決」（強制集団死）の日本軍強制の記述が削除・修正された問題で「教科書検定意見撤回を求める県民大会」が宜野湾市の宜野湾海浜公園で開催された。会場を埋め尽くした人々の様子をテレビや新聞で見た時、本当に感動した。あれだけのエネルギーの結集を私たちも欲しいのだ。

ともあれ、教育基本法は改悪された。憲法も危ない。それでも未来に希望をつないで、職員と市民が力を寄せ、まとめあげて「人が育ちあう」公民館や社会教育を発展させていきたい。


（「月刊社会教育」１月号　２００８年）

第3章　茅ヶ崎市の社会教育と公民館

1．公民館は住民自治をすすめる原点

こうみんかん
公民館

茅ヶ崎には
公民館と名のつく
地域集会所がそこここにあった
でも
本当の意味の
公の公民館がないと知った時

心から公民館が欲しいと思った

公民館って?
みんなが自由に集まれるところ
学習するところ
そう、幼い子どもがいても
学べるところ

なんと魅力的な!
三番目の子どもを抱いた私に
公民館という言葉は
きらきらとまぶしかった

一九七五年
公民館をつくってください

図書室のある
　保育室のある
　私たちの公民館
講座に保育をつけてください
要望書をつくり
署名を集め
市長と教育長に渡した

行政から満足な答えは
何ひとつ返って来なかった

もう待てない
私は走り始めた
公民館について勉強しましょう
グループをつくりましょう

あちこちに手紙を書いた

そして
市民学習グループ
「公民館について勉強する会」ができた
公民館について学び始めた
公民館の歴史
憲法、教育基本法、社会教育法
藤沢や相模原の公民館見学
公民館づくり運動を始めた
東村山との交流など

勉強ばかりでなく公民館づくりの運動を
やらないことには
そう気づいた私たちは

一九七六年四月
「茅ヶ崎市に公民館をつくる会」結成
市長交渉やら
地域公民館設立に関する意見・要望書づくりやら
社会教育研究全国集会参加やら
動き始めた運動体
「私たちの公民館をつくろう」と
燃えた情熱
ほとばしるエネルギー

一九七七年
「息吹き」創刊
広報活動にも力を入れた

一九八〇年

小和田公民館が生まれ
鶴嶺公民館、松林公民館、南湖公民館が
オープンし
一九八九年
今年また　香川公民館が開館する

忘れてはいけない
公民館は市民の自由なたまり場
公民館は市民の仲間づくりの場
公民館は市民の「私の学校」
公民館は市民による健康づくりと
　文化創造のひろば
公民館は一般行政から独立した
　独自の社会教育の施設
公民館には社会教育の専門職員がいる

公民館は無料で利用できる　ことを
忘れてはいけない
公民館は住民自治をすすめる原点
市民は学習に参加し
地域社会の課題解決に力を合わせる
その学習権を公に保障する場こそ
公民館であることを

（「私と公民館」　第9回小和田公民館まつり実行委員会　1989年）

2. 公民館まつりは大成功

第2回小和田公民館まつりは1982年2月25日から28日までの4日間行なわれた。茅ヶ崎の第1号公民館である小和田公民館は1980年5月に誕生した。1981年の第1回公民館まつりから1年が経過した。公民館まつりは公民館活動1年間の総決算である。

昨年（1981年）9月に公民館まつりの実行委員会が募集され、計画を練り上げ、担当が決められた。昨年のまつりの期間は1週間だったが、今回は4日間になった。いずれの日も子ども向けプログラムが入り、いわく「本の読み聞かせとストーリーテリング」「おり紙教室」「こども市」「紙工作」「月と星を見るつどい」「人形劇まつり」「伝承のおもちゃづくり」など多彩であった。そして実際子どもたちはどこから湧いたかと思うほど、館内にあふれていた。土曜日の午後は、こども市、フォークダンス、紙工作というように1階は子どもたちであふれ返っていた。

最終日の日曜日は朝市とバザーとモギ店が駐車場や入口付近で行なわれ、早朝からすごい人出。ワタ菓子50円には長蛇の列。焼きソバ150円、おでん120円、甘酒50円、ポンあられ30円という値段の安さもあって、いずれも大繁盛、ひるまでには売りきれるところがほとんどだった。バザーは値段の安さが魅力で人気だ。実行委員会主催の朝市は地場のだしじゃこや有機農法野菜、手づくり豆腐などを原価で販売し、主婦たちに感謝された。

2階の展示室はサークル活動の傑作、つつじ学園（心身障害児通園施設）の作品。原爆写真展、青少年のよりよい環境づくりといった展示で飾られ、1階のロビーには小和田公民館を中心とする絵地図、昔の茅ヶ崎のスケッチ、公民館主催事業紹介など、2階への階段のかべは公民館使用団体の紹介がベタベタ貼られた。

実行委員会では子ども向けに公民館をやさしく解説した〝みんなの公民館〟というパンフレットを発行した。まつりニュースは8号まで出した。

まつりの最大の呼び物は2月28日夜の永六輔さんの〝辻説法〟だった。講義室に花ゴザを敷いて、実に200名もの人がすわりこんだ。自家用自転車で来館した永さんは定刻前からしゃべり出した。

人間が生まれてから死ぬまでのこと、広大な宇宙に較べれば人の一生などほんの一瞬にしか過ぎないこと、原子力について、ボランティアについて、死ぬことについて話はあちこちに飛んだ。子どもから大人まで笑いながら、かつ考えさせられた。

永さんは公民館からの謝礼を断わって、投げ銭講演会にしようということになった。会が終わって、入口の外にボール箱を持った永さんが立ち、ゾロゾロと帰る人がお金を投げ入れるのである。ズシリと手応えのある重みの包みを持って永さんは自転車で帰って行った。

（「月刊社会教育」4月号　1982年）

3. 社会教育法制定50年目に

私が三省堂の『解説教育六法』（1977年版）を購入したのは、ちょうど「茅ヶ崎市に公民館をつくる会」（現在は「茅ヶ崎の社会教育を考える会」）を発足させた頃だった。この本は、憲法を初めとし、教育基本法、学校教育法、社会教育法、公民館の設置及び運営に関する基準、図書館法、博物館法、児童憲章、地方自治法等々教育に関する法律が載っていて、何かといえば、この本をひもとき、ずいぶん勉強させてもらった。

当時、議員が「公民館法では……」と言えば、すぐさま「アラ、公民館法というのはないのよ。社会教育法の第5章（公民館）に公民館のことが書いてありますよ」と、学習の成果をチラつかせたりした。

公民館ゼロの茅ヶ崎市に公民館をつくらせるべく運動をするなかで、社会教育法第1章第3条（国及び地方公共団体の任務）は、よく引用した。「すべての国民があらゆる機会、あらゆる場所を利用して、自ら実際生活に即する文化的教養を高め得るような環境をつくるのが自治体の役割でしょう」なんて市長交渉の席で言ったりもした。その社会教育法が制定されてから今年が50年目である。その記念をすべき50年目に、社会教育法が改正されるというのである。

公民館運営審議会は、これまで第29条で「公民館に公民館審議会を置く。」となっていたのを、「置くことができる。」と一歩後退することになる。公民館長の任命に関しては、第28条2で、「市町村の教育委員会は、あらかじめ公民館運営審議会の意見を聞かなければならない。」となっていたのが削除されることになる。これまでだって教育委員会は形だけの意見聴取になっていたんだけどね。もう大手を振って任命するのだろう。

日米新ガイドライン関連法を通過させた後、日の丸・君が代の国旗・国歌調査会を設置するための国会法改正案などなどが控えている今の国会を見ていると、どうしても政治への不信感を抱いてしまう。

おかしいことはおかしいと主張していくことが、社会教育を学んだ者のなすべきことだと思うのである。

（「公民館史研究会会報」第22号　１９９９年）

4. 私と社会教育

私、西山正子、48歳。神奈川県茅ヶ崎市の市議会議員をしている。まったく思いもよらず、2年前の選挙に出る羽目となった。話し下手、交際下手の私のこととて、推薦立候補ということであっても、それはそれは死んでしまうくらいに悩みぬいての出馬だった。「死ぬくらいなら一丁やってやるか」という開き直りもあった。

私を取り巻く女たちのいくつもの輪。そのひとつは、公民館をつくる会のメンバーであり、公民館でのさまざまな学習グループに関係している女たちであり、文庫活動を共にしている仲間であり、母親クラブの友人であり、近所の奥さんであったり、ボランティア仲間であったり、出身校の先輩や後輩であったりというように幾重にも輪が重なったりぶつかったりしていた。

私の選挙事務所は、いつもそういう女たちで活気があふれていた。女たちだけではない。小さい子どもたちもうじゃうじゃしていた。保育担当の係をつくったくらいだもの。借りた事務所は、広いことは広かったが、二階は床が抜けそうで、歩くにも用心しなければならない。子どもたちが騒ぐと、床が落ちるのではないかと、ずい分心配もした。

この事務所を「ミニ公民館」と呼ぶ人もいた。公民館で見かける顔を、ここでも見かけたし、何しろ、ここではいろいろなことを学習した。もっとも学習したのは、クリーンな選挙をするための公職選挙法だ。選挙管理委員会に講師派遣をお願いしたら、特定政治団体にはダメと言われた。ある人は、アナウンスの勉強であったり、ある人はどうしたら人を魅きつける選挙公報が書けるかの学習であったり、10日間（現在は7日間）の選挙期間を頑張って持ちこたえるための食事の研究であったりするわけだが、どれもこれも実践を伴うものであり、まかりまちがえば、仲間を選挙違反で警察に送ってしまうことにもなりかねない重要な学習でもあるから、もう油断できない真剣勝負だ。ミニ公民館といえども、本当に生きた学習ができ得る場所であったわけだ。

私と社会教育との出会いは、私が公民館のない茅ヶ崎に公民館がほしいと願った1975年になるが、私が社会参加を始めた1970年から話を始めよう。

1970年4月、長男が初めて幼稚園に入園。1966年に離職した私は、専業主婦として育児と家事にあけくれていたので、この時の解放感は、背中がすーっと軽くなった感じだった。長女は2歳だった。

長男が幼稚園に行っている間は、少し暇ができたので、新聞への投書を開始。毎朝、丹念に新聞に目を通し、世の中の動きに注目した。

そして、その年の7月、図書館から本を借りての家庭文庫を始めた。2ヵ月に1回、本が来る。最初は成人用の本50冊だったが、数ヵ月後には子どもの本50冊を加えて、100冊の本が図書館から借りた本棚に収まり、狭いわが家の一角を占めた。来る日も来る日も本を読んだ。本を借りに来る近所の人に本の説明ができるよう、なるべく全部の本に目を通すようにした。乾いた海綿が水を吸うように、本から得た知識を体中で吸収した。

子どもがいてもできることをと、お年寄りに月一回愛のハガキを送るボランティア活動にも参加。生協の班づくりもした。

1972年、3番目の子どもが生まれ、病院から帰って来てまもなく、図書館長から電話があり、私の家のそばに自治会館が建つので、そこに図書館をつくってもらったらどうかという内容だった。しかし、その時は既に設計図ができていて、図書室は入らなかったが、1973年に建設された自治会館を利用して地域文庫をやりたいと自治会長に申し入れ、子どもを背負って地域の母親たちと市役所、図書館、他の文庫へと自転車を走らせた。

そして1974年5月、地域文庫を開始。そこに図書委員として集まった母親たちの有志で母親クラブを結成。母親クラブの会員たちは人形をつくり、人形劇をやり、読書会をやり、不用品即売会を企画し、活動を続けてはや10年。今、10周年記念誌をつくろうと準備中だ。

話を先に続けよう。1975年1月から3月までの日曜日に教育委員会社会教育課主催「児童文化の現状を語る」という市民教養講座があった。これにも毎回熱心に出席し、その一番最後の日、私たちの文庫が人形劇を発表したが、閉会式で係長から「茅ヶ崎には公民館もない。非常に立ち遅れている」現状が話され、「公民館について勉強しましょう」と提案する人がいた。私は公民館がよくわからず、地域の自治会館を公民館と呼んでいたので「私たち、あるからいいわ」と断った。

次はその年の5月から始まり夏休みをはさんで9月まで私たちの地域の自治会館で行なわれた市民教養講座「家庭教育」である。地域でやるため、母親クラブから10数名の会員が受講。私のように子連れの母親が10名ほど、ほとんどが母親クラブの会員だった。保育をしてほしいというのが、私たちの切なる願いで、子連れで市役所にお願いに行ったが、予算がないので認めてもらえない。その時、社会教育課長の「公民館があれば、その中に保育室も出来るけど……」という言葉を聞き、サーっと頭に閃くものがあった。「そうだ。公民館をつくってもらえばいいんだ！」

一緒に行った友人と相談して公民館建設の要望書を市長と教育委員会あてに出すことにした。公民館の中に図書館と保育室をいれてもらうよう要望書に書き、署名を集めた。後から、陳情か請願にして議会に出せばよかったのに、と言われたが、その時はそんなこと何も知らなかった。

教育長交渉もやったが、保育費用は次年度の予算に計上することだけは約束してくれたものの、行政のカベみたいなものを感じ、行政と対等かそれ以上の力量をつけなくては、と思った。

委託の市民学習グループ「児童文化」で登録したものを「公民館」に変え、「公民館について勉強する会」を結成したのは11月だった。9月議会には浜須賀学区子ども連盟が公民館建設の陳情を出していたので、一人で傍聴に行った。

そして、その子ども会の世話役の人たちやＰＴＡ、親子劇場、消費者運動、自然保護運動、母親クラブ、文庫等いろいろな活動をしている人たち（男性も少数いた）をまきこんで、「公民館について勉強する会」がスタート。これが、私と社会教育との本当の出会いとなった。

ただ公民館がほしい一心だったが、学習会を進めていくのは容易ではなかった。でも、いつも担当の職員がいて、きびしいが暖かい助言を与えてくれた。他市の公民館を見学したり、憲法・教育基本法・社会教育法などの法規、公民館の歴史などを勉強しながら「このままではいけない。早く運動を始めなくちゃ」という思いに駆られて、51年4月に運動体としての「茅ヶ崎市に公民館をつくる会」を結成。学習会と運動体の2本立てになった。

そして6月には第1回目の市長交渉を持ったが、その時の全記録はテープ起こしされ、ワラ半紙、ガリ刷りの分厚い冊子となって売られたのである。

1975〜76年は、私が司書資格を取りに大学に聴講に行っていたので、大変な年だった。市長交渉の途中から大学へ駆けつけるというようなこともあった。1976年夏、第16回社会教育研究全国集会で実践報告することになり、これまた各地の公民館づくりの運動にかかわっている人々と出会い、どんなに励まされたことか。

1977年1月、会の機関誌「息吹き」発刊。公民館のPRとともに市内の社会教育交流誌として果たしてきた役割は非常に大きなものがあったと思う。毎月毎月、号を重ね、この4月、100号を迎える。「息吹き」とともにあけくれた100ヵ月を振り返る時、さまざまな思いが交錯する。

1980年に第1号の公民館、小和田公民館ができた。1982年鶴嶺公民館開館。1983年松林公民館開館。1985年5月南湖公民館が開館する予定である。

公民館ができ、その中に保育室はあっても保育の費用はいつも市長査定で切られていた。しかし1982年度から各公民館、婦人センターでの主催講座各2講座につき保育相談者費用として2名分がつくようになった。子どもを連れて来る母親も当番で保育に参加するという茅ヶ崎方式も板についてきた。

公民館では、さまざまなグループが育っている。後藤総一郎（明治大学）先生を講師に迎えての夜間の学習会「茅ヶ崎常民学舎」には、私も参加している。歴史を知り、それを現代に未来に生かす学習だ。

それにしても、私たちが公民館を求めて学習し、運動していた頃、建設はなくても、あれこれまさしく公民館活動であり、社会教育実践として群を抜いていたと思う。私たちの学習から生まれた「茅ヶ崎市の公民館像をもとめて」は、後に茅ヶ崎テーゼと呼ばれたりしたが、私たちは、施設づくりと同時に〝まちづくり〟をも考えていかなくてはいけないと思うに至った。

それが1979年の市長選で仲間の一人が立候補したのを応援し、敗れたけれど、政治そのものに目を向けることになった。

1985年までに公民館4館建設という総合計画に盛られたことは実現されたが、それ以後の総合計画に公民館建設を入れていくことができるかどうか、私も議員として正念場を迎えることになる。頑張らねばと思う。

公民館づくりを綴った――「息吹き」発行

「茅ヶ崎の社会教育を考える会」が、会報「息吹き」の300号発行を記念して、1号から300号までの内容を一冊にまとめた本『息吹き　公民館づくり書き続けて300号』を揺籃社から発行した。

同会は1976年、「公民館がほしい」という趣旨で集まり、発足当初は「茅ヶ崎市に公民館をつくる会」として、茅ヶ崎市内に公民館を作ろうと奮闘した。その一環

「息吹き」が本として刊行

で行なわれたのが会報「息吹き」の発行だ。

１９７７年８月からは「私の八月十五日」と題した戦争体験、平和への思いを記録した小冊子を10年間発行し続け、その後は「息吹き」８月号の特集として編集を続けてきた。それはブックレット『息吹き「私の八月十五日」』として出版している。

（「月刊社会教育」４月号　１９８５年）

Ⅲ　社会と私の交差点

第1章｜議員としての活動

　1983年4月、私は茅ヶ崎市の市議会議員選挙に出て、当選した。私は、どの会派にも属さない無所属議員で、会派や代表者会議にもオブザーバーで出なければならないので、一人でてんてこ舞いをしていた。でも、何か新しい仕事に取りかかることは大好きで、好奇心も人一倍強いので、市役所の中をウロウロしていた。

　市民の声を議会につないでいくために、市民要求も十分聞かなくてはならないので、買物に行っても、出会った人と話をして、夕食の仕度が遅くなったりするが、いろいろな人と知り合いになれるのは、うれしいことだ。勉強することが多すぎて大変だが、市民の皆さんのお役に立つ議員になるよう努力していくつもりだ。

　そんな私の議員生活のことを「全国婦人新聞」の関千枝子さんにすすめられて、1983年8月から連載を開始することになった。月に3回の執筆となり、1986年1月で連載は終わった。この原稿が土台となって、『女と政治の交差点』(西田書店、1986年)を出版することになった。以下はその一部である。

1．議会活動

①議会傍聴

私が初めて議会を傍聴したのは１９７４年の12月議会だった。地域文庫の図書委員をしている有志の母親たちで結成したばかりの母親クラブが、市のマイクロバスによる公共施設見学に出かけた時、見学場所の一つに議会があった。若い母親たちだから子連れが多くて、傍聴席に子どもが入るのは好ましくないと、施設見学案内役の広報課職員が子どもたちをロビーで見ていてくださることになった。10分か20分かの短い傍聴だったが、市長と議員のやりとりに、

「ワァー、おもしろい！」

「市民として、もっと傍聴しなくちゃ」

「また来ようよ」

などと言い、私たちは初めての議会傍聴にいささかコーフン気味だった。私としても、その時は、まさか議席に座るようになろうとは、神ならぬ身の知る由もなかった。

つぎに傍聴したのは1975年の9月議会で、一人で出かけて行った。あれから、ずいぶん傍聴に出かけたものだ。議員が図書館や公民館について質問すると聞けば、行ってみようかということになる。傍聴人がいるといないのでは、理事者側も議員も緊張の度合いが違う。

1976年2月9日付朝日新聞に「市議会を傍聴しよう」という私の投書が掲載された。「私はこれまで何回か市議会を傍聴しました。私たち有権者の投票によって選ばれた市会議員が、どのような発言をし、市長をはじめ行政側がどのような答弁をするのか、まのあたりに見聞きするのは大変勉強になります。欠席の多い議員、いねむりをする議員、傍聴席にだれがいるのか伸び上がって見る議員、議会中の議員の勤務評定をするには絶好の機会です。（後略）」

自分が議員になってみて、退屈な答弁を聞いていると、つい眠くなってしまうことがある。いねむりをすれば、前から理事者側たちが見ているし、後ろからは傍聴者に見られる。昼食後が一番眠いので昼休みにコーヒーを飲むが、水分を取りすぎると議会中にトイレに行きたくなるからたくさんは取れない。眠気をさますのに体をつねったりする。ある議員など、議会中にゆらゆら船をこいで、傍聴席からバッチリ見られ、あとで傍聴者から「なぜ眠っていたのか？」と詰問されていた。

先日、ある傍聴者から、議員が質問するのに理事者や議長に背を向けるのは何故かと聞かれた。第一問目は、議長の前の演壇に上がってやるわけなのだが、なるほど議員や傍聴者の方を向いていて、左右に理事者がいるということになる。理事者に質問するのにソッポ向いていたんでは対決という感じにならないだろうと言うのだ。議場の構造について研究してみる必要があるなぁ。

議場は3階にあるのだが、傍聴席は4階から5階へ行く階段の途中に入口があり、車椅子の身障者は運び上げてもらわなくてはならない。豊橋市の傍聴席は、エレベーターを下りてすぐのところに身障者用スペースがある。それでこそハンディのある人も気軽に傍聴できるというものだ。

定例会の傍聴者は、1981年304人、1982年360人、1983年677人、1984年416人であった。（その後、2016年に新庁舎となっている。）

②議員バッジ

2、3年前までは、議員バッジがどんなものか知らなかった。ある時、議員一年生のI君が、私を訪ねてきてくださった方の胸元を見て、「議員じゃないの？」と、私にささやいたことがあった。その方は議員ではなく、選挙管理委員会のバッジをつけていらしたということだったけれど、それ以来、I君の胸に輝いているのが議員バッジだということが、ようやくにしてわかったという次第。

まだ見たことのない方のために説明しておくが、直径1・5センチくらいで、えんじ色のびろうどの上に菊の花をかたどった金（と思う）がついていて、真ん中に市の字が浮き出ている丸いバッジである。裏に市議会議員章と書いてある。全国共通ということだ。

押しピン式の留具がついているのだが、これがなかなか留めにくいのだ。はずす時も、はずしにくい。重たいから、薄いブラウスにはとてもつけられない。私なんて、いつもつけるつもりはないからいいけど、でも、議会のある時はつけなくてはいけないのでしょうね。

さて、バッジをつけて驚いた。市役所の中を歩いていると、バッジを見て、あわてておじぎをする人があるということだ。

6月議会中に、隣りの市民文化会館で、県の教職員組合の大会が開かれた。右翼が来るという情報が流れ、警戒は厳重をきわめた。朝、市役所に着くと、綱が張られていて、入る人をチェックしている。機動隊員が大型バスで到着して、ものものしく警備に当たっている。ここでもバッジが物をいって、難なく入れてもらえた。

役所関係の自転車・オートバイ置き場にオートバイを停めようとしたら、「一般の人はここに入れてはいけませんよ」と職員らしい人に大声で怒鳴られた。だって、さっき入り口にいた職員はここに入れるように指示してくれたはずだ。とまどいながら、「ここに入れるように言われたんですよ」と、もぞもぞ言った。すると当の人、眼鏡をはずしてじっと見て、ようやくバッジに気がついたようだ。「あら、西山さんではないですか」。

当選後、さる新聞社のインタビューを受けたが、記者もカメラマンも私が、議員バッジをつけて洗濯物を干しているところを写真に撮りたがったので、おかしかった。主婦議員ということを一目でわからせるにはいい方法かもしれないが、リアルではない。洗濯物を干す時は、普段着でするものだもの。でも、議員バッジをつけたまま、スーパーでお弁当を買ったことがあった。議会が遅くなり、8時近くなってしまったので、帰りに深夜までやっているスーパーに寄ってお弁当を買って帰ったってわけ。

バッジをつけたりはずしたりするのも一仕事だ。なかなかとれなくて、エイヤッと引っ張ったら、留め具とびろうどの間がはがれてしまった。それをセメダインでくっつけた。案外ちゃちなものだ。

③ 議会報告

定例議会が終わるたびに、私は「西山正子　議会報告」を出す。大阪府堺市の市議会議員、長谷川俊英さんは毎月ワラ半紙の報告を出されるそうで、大変だろうと思う。埼玉県志木市の市議会議員、長沼明さんの議会報告は、ちゃんとした印刷で非常におもしろく、読みごたえがあるが、コストも高いだろうと推察する。

私の場合、ワープロに自分で打ち込んだものをプリンタで活字化し、それをファックスで原紙にして、印刷に取りかかる。

ワープロは、ワードプロセッサーの略だが、本体、キーボード、プリンタからなり、手軽に速く文書を作成する機械である。作成した文書は、四角いレコード盤のようなフロッピィディスクに保管され、必要な時には、すぐ取り出して再生することができる。夫は、「これからの時代にマッチした事務処理能力のある機械だから、少し無理しても買ったほうがよいよ」とすすめてくれた。キーボードの配列が英文タイプと同じだから、英文タイプを打てる人は、すぐ使いこなせるようになると言う。

夫と待ち合わせて、ショールームに見に行った。見た途端すっかり気に入ってしまい、買うことにした。けっこう高くて、2ヵ月分の報酬をこのために使った。一日、ワープロの講習会に行き、なんとか使えるようになった。

私の議会報告もワープロで打っている。でも、ワープロの字は味気ないと言って、最初はかなり拒否反応があったようだ。私が議会報告をつくると同時に、「西山正子となかまの会」の方は、「西山正子となかまの会ニュース」をつくる。これは、手書きである。両方とも、B4判のうらおもてに印刷し、この2枚を一緒にして、なかまの会の会員に配る。ファックスは、夫が中古のを見つけてくれた。印刷機は電動の新品を、これも夫が注文して、事務所に運んでくれた。印刷は少し多めに1400枚から2000枚くらい印刷する。

これを配るのが、なかなか大変だ。市内を8つのブロックに分け、さらに細分化して、ボランティアが手配りをするのだが、「もらっていない」「配達が遅い」とか苦情を言われることもあって、どうしたら迅速に正確に配れるのか悩みのタネ。

議会報告では、私の質疑の内容、つまり、どういう質問をして、どういう答えをもらったか、ということが一番のポイントになる。議会を傍聴してくださる方は数が限られているので、なるべく多くの方に議会の様子を知ってもらいたいからだ。

議会報告会というのも時々やるが、私の過密スケジュールに合わせるのが大変だ。議員になって、もう2年になるが、ここらあたりで、もう少しちゃんとした議会報告書を出したいと思っている。

④ 初質疑

5月の臨時議会が終わってヤレヤレと思ったのも束の間、2週間後には6月定例議会がせまっていた。その2週間の間に、「西山正子となかまの会」の反省会が市内のあちこちであり、議会だより編集委員会、議会運営委員会にオブザーバーで出席する場合は無理としても、それ以外は反省会に顔を出して「ありがとうございました。皆様のおかげです」とあいさつし、皆から選挙の感想やら反省やらを出してもらった。

議会で着るスーツを買いに夫とデパートにも行った。夫は、しゃれっ気のない女房を気づかい、「議会に出るのには、ちゃんとしたかっこうをした方がよい」と言って、買物につき合ってくれた。

定例議会は、3月、6月、9月、12月の年4回である。3月が第1回定例会と言い、以下第2回、第3回、第4回定例会と呼ぶ。6月の第2回定例会は、選挙後初の定例会なので、市長の施政方針演説がある。議員は施政方針および各提出議案に対して質疑を行なう。他の定例会の場合は、議員は自分のやりたい質問を一般質問という形でできるが、質疑は市長の施政方針および各提出議案に対してなので、初日に市長の施政方針演説が終わるや、1時までに議会事務局に質疑申し込みをしなければならない。今回は、30人の議員のうち、22人が申し込んだ。新人議員は7人のうち1人を除く6人が申し込んだ。発言順位は抽選による。質疑は3日間続くので、始めの2日間は7人ずつ、3日目は8人やることになり、私は12番目だったので、2日目の5番目であった。

私はだいたい5項目について質疑をしようと、ねじり鉢巻で草稿を作った。資料を探しに江の島の県婦人総合センターまでバイクを飛ばしたりした。

6月7日の午後、私の初質疑があった。夫の選んだベージュのスーツを着こんで登壇。

質疑の内容は、

1　女性の政策決定機関への参加について、どのように考えているか。

2　新図書館のスタートに際し、文庫の位置づけはどうなのか。図書購入費200万円のうち文庫用はいくらか。図書館協議会委員の定数5を7にするつもりはないか。また委員を委嘱するには、どのような基準で選んでいるか。

3　公民館に社会教育主事の資格のある人を採用して欲しい。また今年の主事講習の費用が組んでいないのはなぜか。

4　幼稚園就園奨励金について、認可幼稚園と無認可幼稚園を同等に扱ってもらえないか。

5　学童保育について、今、借りた家を追いたてられている3つのクラブに何らかの手立てを講じて欲しい。

質問は、議席から歩いていって議長席の下の壇にあがるのだが、議席も傍聴席もずーっと見渡せて、ちょっとドキドキしたが、あまりあがらなかった。傍聴席の仲間の方がドキドキしたそうだ。質疑の最後に「お答えはなるべくやさしい言葉でわかりやすくお願いいたしたいと思います」とつけ加えて市長さんにおじぎをしたら、傍聴席から拍手がわいた。新人はベテランのように持ち時間1時間粘った人はなく、私も30分くらいだった。第一問はちゃんとできても、理事者側の答弁を聞いて、すぐ再質問するのが、もたつくというのか、うまくいかないようだった。

（『女と政治の交差点』西田書店　１９８６年）

2. ケニアにおける国連婦人の10年 世界NGOフォーラムに参加して

１９９５年7月15日、いよいよナイロビ大学でのNGOフォーラムに参加すべく、一行30数名（横浜・川崎の派遣団も含めて）でバスに分乗して出発です。

ナイロビ大学の門前には、大ぜいの人がいます。鮮やかな民族衣装の人がいます。ナイロビ大学のキャンパスは花が咲いたよう。鮮やかな原色のはんらんです。そのなかに黒いチャドルをかぶったイランの女性たちも見ることができました。

アフリカの女性たちは威風堂々というか、非常に姿勢のよいのには驚きました。頭に荷物をのせて歩くので、自然と胸を張り、姿勢がよくなるのだそうです。黒い肌は油のようなもので磨くのだそうで、艶があってピカピカしています。彼女たちは陽気で賑やかです。私たちは申し込んでいたワークショップ（話し合いの場）が、神奈川県、横浜市、川崎市共同で15日の4時から5時半までの1時間半ということでしたので、それまでキャンパスでパネル展示やら宣伝やらをしようということになり、校舎の前にあるポールとポールの間に日本から持って来た横断幕を張り、その下にパネルをつるしました。こうして準備している間にも大ぜいの人が押しかけて「どこから来たのか」「何をするのか」と話しかけてきます。神奈川県のポスターを出し、説明し、そのポスターを渡したりしている間に時間がたっていきます。4時半からワークショップに来てくださいと宣伝もしました。

そのうちキャンパスで歌うインドの女性たちのグループがあり、一緒に歌ったりしてうちとけました。私たちのパネルの前に来て歌ってもくれました。輪が広がり、アフリカの人も歌います。私たちも炭坑節を歌い踊り、他の人にも教え、ものすごく大きい輪ができました。政府間会議に出席の日本の女性国会議員たちがNGO（民間）フォーラムを見にいらして、踊りの輪に加わり、大変賑やかでした。

私たちのワークショップ

私たちのワークショップは4時すぎに始まりましたが、ほぼ満席に近い状態でした。まず横浜の代表が「家庭における主婦の役割」を劇にして発表。私たちは、神奈川の女性たちの状況をほとんど即興で英語で説明しました。私は「多くの女性たちに推薦されて市議会に出た」という話をしました。

終わってスーダンやケニアの女性たちから発言がありましたが、女性の地位はどこも同じようで、男性優位の社会状況が語られました。今後どうしたらよいか、というところまで討論できませんでしたが、お互い連帯しようということで終わりました。

次の日は午前中は前日と同じようにキャンパスで展示をし、午後はおのおの行きたいワークショップに行きました。私は「アフリカの労働組合における女性の役割」というワークショップに行きましたが、アフリカの女性たちの意気軒昂な様子に圧倒されました。ここはかなり大きい教室で、英語、フランス語、スペイン語、スワヒリ語の同時通訳がつきます。だいたいが英語の発表が多いのですが、大意を捉えられず苦労しました。日本人の通訳の人がついてくれたのですが、雑音もかなりあり、聞きにくかったようです。

３日目はノルウェーの主婦たちの「女性の賃金を支払われない仕事の経済的価値」のワークショップに参加しましたが、ここでも主婦の状況は各国同じようだなあと思いました。

世界の女性のこれから

世界の女性たちは、それぞれの場で、女性の地位向上のため、暮らしよい、平和な世の中を創るためにがんばっています。この国際婦人の10年の間にも、いろいろな状況の変化が見られます。発展途上にある国々の女性たちは、さまざまな困難を抱えながらも、はっきりした自己主張をし、困難をきり拓こうとしています。

私たち、日本の女性たちも、西暦２０００年に向けて、これからが勝負どころと気をひきしめて、がんばりたいと思います。

（「草の実」（草の実会）３１０号　１９８５年）

第2章　平和活動

1. 日本を戦争をする国にしてはいけない

私が住む神奈川県茅ヶ崎市には、さまざまな市民活動がある。私は「茅ヶ崎の社会教育を考える会」「茅ヶ崎革新懇」「九条の会・ちがさき」「ロック秘密法★ちがさき」「さよなら原発★ちがさき」「平和憲法・畑田ゼミちがさき」等々に所属し、活動しています。

先日、「ロック秘密法★ちがさき」の活動として、私は仲間と茅ヶ崎駅前でビラ配りや署名活動をしていた。すると、通りがかった女性が「秘密保護法反対の署名をしたいけれど、目が悪くて署名ができない」と訴えるので、私が代筆をした。平塚在住の彼女は、茅ヶ崎の病院に通っていて、その帰り道だと言う。

「私は戦争が終わった時は国民学校6年生で学童疎開をしていました。あんなひどい戦争は二度としてはいけませんね。安倍さんは戦争を知らない世代だから不安だわ」。私より3歳年上の彼女は、ひとしきり話をされて帰っていった。

私は3人のわが子には「日本は憲法という決まりがあって、もう二度と戦争をしないことに決めたんだよ」と教えた。それがこのところ怪しくなってきた。日本を戦争のできる国にしたい首相がいるからだ。

あの戦争を忘れることはできない。「茅ヶ崎の社会教育を考える会」では、会報「息吹き」の8月号に「私の八月十五日」という特集を組む。戦争体験を記録し、平和への想いを綴る。2012年にはブックレット『息吹き「私の八月十五日」』を刊行した。

今や、国民の4人に3人は戦争を知らない世代だ。「憲法があるから日本はもう戦争をしない」と子どもたちに教えた私は、黙ってはいられない。集会に行き、デモ行進をし、九条にちなみ、毎月9、19、29に護憲のメッセージを持って立つ（今では毎日に変更）。「憲法を守ろう」「原発反対」「秘密保護法反対」「集団的自衛権の行使に反対」などなど、これからも活動は続いていく。敗戦当時8歳だった私は、二度と戦争してはいけない、と身に染みて感じているからだ。

2．9・11以後の茅ヶ崎市民の平和への取り組み

（「息吹き」317号　2014年）

はじめに

9・11、それは2001年9月11日、ニューヨークで起こった同時テロ、全世界を震撼させた出来事だった。

「息吹き」249号（2001年10月6日発行）の扉に、私は次のように書いた。

「9月11日にアメリカで起こった同時多発テロは、全世界に衝撃を与えました。9月12日仕事で広島を訪れた私は平和記念資料館にも行ってみました。原爆のきのこ雲の映像とテレビで見た世界貿易センタービルの炎上・崩壊のシーンが重なるのです。

戦争を好む人はいないのに、また戦争になると暗い気持ちになりました。あやまちは繰り返しませんと私たちは誓ったはずです。何かしなければと思っていた矢先、10月3日の夕方、茅ヶ崎駅北口でテロにも反対するというビラを配ろうという電話が入りました。

行きたかったのですが、私は行けませんでした。
その日の行動は、4日の新聞にも報道され、大きな関心をよんだようです。

茅ヶ崎平和の白いリボンの会

藤沢では9・11以後いち早く白いリボンの会が活動を始めた。それに刺激された茅ヶ崎市教育委員会生涯学習課の委託市民学習グループ「世界に目を向ける会」の有志と賛同する人たち7人で「テロにも報復戦争にも反対」を合言葉に、米軍によるアフガニスタンへの空爆と日本の後方支援に強く抗議し、白いリボンとチラシを街頭でまくという行動を10月4日を初めとし、その月は4回行っている。それからも月に1、2回はリボンとチラシ配布行動を続けた。街頭のチラシまきの参加者が38人になる時もあった。

12月からはアフガン難民支援募金活動を街頭のチラシまきと同時に始めた。またフリーマーケットもやり、売上げ金とカンパをアフガン難民支援のためペシャワール会へ振り込むという活動を続けた。

白いリボンの会は市内だけではなく湘南地方、神奈川県等々の他の団体とも連携して、それらの情報を会員に流している。

有事法制に反対する茅ヶ崎市民の会

２００２年４月、小泉内閣が提出した有事関連三法案に危機感を持った人たちが、東京、横浜、藤沢などでの集会に出席して、茅ヶ崎でも行動を起こす必要があると感じた。４人で呼びかけをして、５月24日に第１回の会合をちがさき市民活動サポートセンターで持ち、５月27日には市議会全会派の議員に要請行動を行なった。賛同者を募り、趣意書がインターネットにのり、ファックスで流れ、市内を駆けめぐった。駅頭でのチラシまきをした。

６月６日の議会では議員提案の「有事関連三法案の慎重審議を求める意見書」は全会一致で採択された。私たちが提出した「有事法制の立法化に反対する意見書を国に提出すること」を求める陳情は、６月13日に総務常任委員会にかかったが、賛成３人、反対３人で委員長採決で否決された（私たちの案文の方が過激だったのかもしれない）それでも慎重審議を求める意見書が全会一致で通ったのだから、私たちもよしとした。

会のニュースに私は書いた。「有事法制に反対する市民の会にも、いろいろな人がおられるだろう。どんな立場の人であっても〈有事法制に反対する。平和憲法を守る〉という共通の願いをもって手をつないでいきたい。運動を広げていきたい。有事法案は継続審議となり、与党三党は秋の臨時国会で成立させようとしているが、反対運動には市民の連帯こそが大切である」。

有事法制に反対する茅ヶ崎市民の会の賛同者もしだいに増えて7月には400人弱になった。7月、茅ヶ崎市議会全員に有事法制に関するアンケートを実施した。また同じ内容のアンケートを10月、茅ヶ崎選挙区の県会議員、国会議員にも行なっている。10月には「平和行政に関する質問および要望書」を市に提出。回答を月末までにいただくように要望した。実際に回答はいただいたが、11月12日には、この回答をもとに市長と懇談をした。大勢で参加したかったのだが、8人までにしてほしいといわれ、8人しか参加できなかった。有事の際の自衛隊、首相の代執行権、イラク攻撃の際の自衛権の後方支援等について意見をかわしたが、市長は「国で決めたものは、憲法に違反していないと信じている」などかみあわなかった。参加者の感想では「平和を願って有事法制に反対している市民がいることを市長に知ってもらい、市長の考え・

姿勢を知ることができた点で意義があった」というのがあった。

この頃から「茅ヶ崎平和の白いリボンの会」と「有事法制に反対する市民の会」は、駅頭でのチラシまきなどを一緒にやるようになった。

11月議会に向けて「『イラク問題の平和的解決を働きかけるよう国に求める意見書』の提出に関する陳情」を会から提出し、総務常任委員会で採択され、本会議最終日に「イラク問題の平和的解決を求める意見書」として全会一致で採択された。

統一地方選で平和アンケート

12月には「池田香代子さんと語ろう」という会を開催した。池田香代子さんはベストセラーになった『世界がもし100人の村だったら』の再話者である。この日午後からは「茅ヶ崎の平和を考える会」が主催した平和講演会に池田さんが講師として話され、引き続き夕方から場所をかえて行った。同じく12月には実行委員会をつくって森住卓さんのイラク写真展を企画した。天気がよくなかったにもかかわらず、大勢の市民が訪れ、カンパもたくさん集まった。そこで、そのカンパを使って2003年2月にフォトジャーナリストの豊田直己さんの講演会「イラクで出会った子どもたち」

を開催した。

3月17日には「小泉さん、ブッシュさんに抗議（イラク攻撃反対）のFAXを送ろう！」のチラシ500枚をまいた。3月20日にはアメリカがイラク攻撃を開始したことに抗議して駅頭でチラシを1000枚まいた。

4月の統一地方選挙に向けては、2003年統一地方選挙立候補予定者全員にハガキによるアンケートを送って回答を求めた。すなわち神奈川県知事、神奈川県議会議員（茅ヶ崎選挙区）、茅ヶ崎市長・茅ヶ崎市議会議員の立候補の説明会に参加、または立候補を表明している方全員に対してである。アンケートの内容は、有事三法案制定に賛成・反対、アメリカのイラク攻撃に賛成・反対、教育基本法を変えるに賛成・反対、憲法九条堅持に賛成・反対、平和について（記入）、というようにごく簡単なものにした。

知事候補9人中7人から回答をいただいた。県議会議員候補は6人中4人、市長候補は4人中3人（実際に立候補したのは3人）、市議会議員候補は46人に送って21人からの回答が寄せられた。無記名が1人あった。会員たちの意気込みは盛んで、この平和アンケート報告をたくさん印刷して3月16日の市議会議員候補予定者の公開討論会で配布。ちがさき市民活動サポートセンターに置かせてもらった。また4月17日に行なわれた市長候補者懇談会でも配布させてもらった。こうした候補者の公開討論会を市民の手で行なうという茅ヶ崎のまちに住むことに誇りを感じる。

平和を考える茅ヶ崎市民の会実行委員会

１９６2年に茅ヶ崎市議会は「平和都市宣言」をしている。１９８5年には茅ヶ崎市民として「茅ヶ崎市核兵器廃絶平和都市宣言」をした。それからさまざまな論議を経て、１９８８年に「平和を考える茅ヶ崎市民の会実行委員会」が発足した。当時、私は茅ヶ崎の市議会議員だったが、市民たちが平和について考え実行していくことを提案し、平和事業費がついた時も賛成したので、この実行委員会に加わった。そして9年間、実行委員として活動を続けたが、10年目には実行委員会にはならなかった。実行委員会にもいろいろな人がかかわっているし、私自身の母の介護や大学の聴講で忙しくなり、会から抜けさせてもらった。

この会も15年たったが、なかなかよい事業を行なっている。

２００1年度の活動については年度当初に大体の活動計画ができていたので、９・

11の影響はほとんどない。

2002年度の活動としては「核を考える・原爆展」、「チェルノブイリ原発事故絵画・写真展」、平和の原点を見つめる見学会「東京大空襲・戦災資料センター」と東京都江戸東京博物館」、平和講演会「私たちにとって平和憲法とは」講師　北川善英さん、「世界がもし100人の村だったら」講師　池田香代子さん、沖縄戦から平和を考える映画「ガマ　月桃の花」と沖縄舞踊、沖縄戦の実相展、平和へのねがい短文展(これには茅ヶ崎だけでなく沖縄の伊江村立伊江小学校・幼稚園、竹富町立波照間小学校からの参加があって関心を呼んだ)などなど。戦跡マップ「見て　知ろう　戦争の傷あと　茅ヶ崎」の作成や中学校や小学校で戦争体験の語り部活動も行なった。これらの活動のなかで平和講演会は有事法制に反対する市民の会とも連携している。

ピースウォークinちがさき

2003年4月13日の日曜日、茅ヶ崎でのデモ行進としては、しばらくぶりなのだが、イラク攻撃に反対するピースウォークを実施した。これは茅ヶ崎平和の白いリボンの会、有事法制に反対する茅ヶ崎市民の会、平和を考える茅ヶ崎市民の会の有志等が集まって実行委員会をつくり、実行されたものである。人数は150人と少なかったが、歌をうたう人、「イマジン」の曲をテープで流す人や、「イラク攻撃　反対！」「私たちは　平和が好き」というシュプレヒコールもついて、さまざまなプラカードを持って、賑やかに約1時間まちの目抜き通りを歩いた。私は鎌倉や藤沢や東京まで繰り出してデモ行進に参加してきたが、自分のまちでもデモ行進ができる喜びを感じた。

このまちのなかには、一人で行動を起こしている人もいる。白いリボンを上着につける人、イラク攻撃反対のチラシをつくり、孫の手を引きながら何百とポストインした人、自宅の門扉に飾った花鉢に「戦争反対」のメッセージを掲げる人。茅ヶ崎の、特に女性たちは元気である。言い出しっぺは私より若い人たちで、私は協力できる時にするだけ。

まだまだ私たちは少数派である。しかし「継続は力なり」。少しずつ周りを巻き込みながら、平和のために、有事法案を止めるために運動を続けて行こうと思っている。

（「月刊社会教育」8月号　2003年）

3. さようなら原発の思いをひとつに

野田首相が大飯原発再稼働を決めたことに抗議するためにも、7月16日の「さようなら原発10万人集会」には、どうしても行かなくてはならないと思った。なるべくいい席を確保して、と早めの電車で出かけた。原宿駅に着くと、もう人でいっぱいだった。私たちは、まっすぐ第一ステージに向かった。

33度の炎天下で、私たちは急いで食事をし、開会を待った。オープニングライブの小室等さんたちの演奏の合間に永六輔さんが車椅子で登場。ああ元気になられたのだと嬉しかった。講談師の神田香織さん（福島県出身）の司会で集会は始まった。鎌田慧、奈良美智（彼の絵は、さようなら原発のポスターになった）、坂本龍一、内橋克人、大江健三郎、落合恵子、澤地久枝、瀬戸内寂聴、広瀬隆さんのあいさつに続き、大飯原発に近い小浜から中嶌哲演さん、福島から武藤類子さんがあいさつした。武藤さんは「よく来てくださいました。3・11からの日々、福島原発に心を痛め、日本中の人々が立ち上がり、行動を起こしてきました」と言って、福島県二本松市から東京まで、のぼりの端に自宅の庭の土をポリ袋に入れ、ぶら下げて歩き通した関久雄さんを紹介した。関さんは17日に東京電力と経産省に汚染された土を届けるそうだ。
参加者は17万人だと告げられた。空にはヘリコプターが何機も舞い、会場はぎっしりの人、人、人。京都から来たフライングダッチマンのメッセージ性のある歌を聞いてからデモ隊に加わろうと会場を後にした。ところがデモ隊が全然動かず、仕方なく反対側の歩道を歩き、コールしているうちに原宿の駅に着いた。ここで、赤旗の号外をもらって、会場を埋め尽くした参加者の写真を見、この中のゴマのようなひと粒が自分であると、集会に参加できたことを喜ばしく思った。

(「息吹き」306号　2011年)

4. 八月の空に誓うよ

紗良《さら》よ、愛しい孫よ、
あなたがこの世に生まれてきてくれて嬉しい。
しかも死んだじいじの誕生日と同じ五月八日に

あなたは生まれてきた。

愛しい紗良よ、
あなたを腕に抱き
黒々とした瞳に吸い込まれる時
ばあばはこの上ない幸せを感じる。

じいじのお父さんは中国大陸で戦死、
じいじが体験した横浜大空襲や
二宮海岸で受けた機銃掃射の恐怖、
ばあばが経験した両親と別れての縁故疎開や
飢えの辛さなど
紗良よ、
あなたには無縁であってほしい。
戦争の痛みは私たちだけでたくさんだ。

孫の紗良《さら》さんと（2023年）

紗良よ、
また八月がめぐって来た。
ばあばは敗戦のあの日の太陽を決して忘れない。

八月の空に誓うよ。
あなたを戦火にさらすことのないよう
ばあばは生きてる限り力を尽くすよ。
この世から戦争がなくなりますように。
平和な世の中でありますように。

（「息吹き」301号　2010年）

5. 意見広告「日本国憲法を改悪する人に、私の一票は預けません」

関千枝子さん（文筆業）から電話があったのは5月中旬だった。関さんは30数年来の友人で信頼のおける方だ。広島で被爆されている。「私ね、大それたことを思いついたの。憲法を改悪しようとする人に投票しませんという意見広告を計画したんだけど、よびかけ人賛同者になってもらえる？　メールで趣意書を送るから読んでね」

同じ思いでいた私は、その場で賛同者になったが、メールは私のところに届かなかった。他の人のところにまわり回ってきたものをもらって5月16日のおしゃべり会（茅ヶ崎の社会教育を考える会の月例会）で参加者にコピーを渡した。それには、まだ振込先が書いてなかった。それで関さんからの連絡が来たら、すぐに連絡するからと話した。

5月20日には畑田ゼミの総会があり、畑田重夫先生にも賛同者になっていただき、平塚市の前市長の大蔵律子さんにも電話して賛同者になってくださるようお願いした。

その後、ピンクの趣意書と振込用紙が届き、「息吹き」の発送日に間に合ったので、会員を中心に「息吹き」に同封した。しかし数が足りない。あの人にもこの人にも配りたい。追加、追加で趣意書と振込用紙を請求し、あちこちに手紙を書いた。4月の終わり頃から私は珍しく風邪をひき、咳が出始めていた。咳とはこんなに苦しいものかと思いつつ、作業をこなした。

6月29日の朝日新聞朝刊全国版に意見広告は載った。

私たちは、戦争を知る世代です。私たちは、戦争中、学業も捨てさせられ勤労動員で働かされ、或いは、親兄弟と別れ学童疎開に行かされた世代です。もう少し幼かった人も空腹、飢え、空襲の恐ろしさははっきり記憶に残っています。家族の戦死は名誉と称えられ悲しんで泣くことさえも非国民といわれました。惨澹たる生活を耐えたのは聖戦と信じたからですが、その戦争がアジアの人々を苦しめた侵略戦争と知った時は衝撃でした。

私たちは焼け跡の中で、日本国憲法を得た喜びを忘れられません。もう戦争をしないのだ、理不尽に命を奪われることはないのです。なんという素晴らしいことでしょう。そして、日本国憲法で、主権在民、人権、新しい民主主義の国の在り方を知りました。初めて女性にとって、両性の平等は感激でした。初めて女性が一人の人間として認められ、生き方が変わったのです。この憲法のもとで、憲法に守られながら、私たちは歩んできました。

それから67年。日本国憲法に何か不都合なことがあったでしょうか。私たちは日本国憲法を世界に誇るものと思っております。この憲法を変え、戦前に逆流し、戦争のできる国になるのはごめんです。国防軍はいりません。

私たちは次の世代に、平和ですべての人が大事にされる国を残したいと思っております。

子孫に恥じない選択をしたいと思います。憲法を護り、活かす議員を選びます。

丸木俊さんの平和の鳩のイラストの下の小さな名前を拡大鏡で探して、目が痛くなった。

〔ち〕の行に、茅ヶ崎の蛍守りと出ていたので、気になって田部さんに電話してみたら、それはやはり田部さんだった。その他、私がお手紙を渡した人たちの名前をたくさん発見して嬉しかった。友人の何人かは趣意書をコピーしてあちこちに送って広めてくださったそうだ。

関さんは5000人を目指したそうだが、実際は3600人あまり。大口のカンパがあったり、9条連が事務局を担ってくださったりして、なんとか実現にこぎつけたのだ。後で関さんから送られた報告を読むと、かなりの反響があったようだ。

私は子どもたちが幼い時に「日本には憲法でもう戦争をしないと決めたのだから、あなたたちは戦争に行くことはないのよ」と教えた。その子どもたちの子どもたち、すなわち孫たちも戦争に行かされるようになるかもしれない。一層、頑張らねばと思うこの頃だ。

（「息吹き」３１３号　２０１３年）

第3章　忘れ得ぬ人々

1. ああ　永六輔さん

２０１６年７月７日、永六輔さんが亡くなられた。享年83歳。永さんとの思い出はいろいろある。

永さんを知ったのは、私が学生時代、わが家の２階の勉強部屋でラジオ関東の放送を聞いていて、男２人、女１人の組み合わせでのトーク番組があって、妙に舌足らずの永さんのトークが実に面白かった。舌足らずだったのは、抜けた歯をそのままにしておいたからということは後からわかった。

１９８０年、私たちの公民館づくりの運動の成果として第1号の小和田公民館ができ、翌年の春に第1回の公民館まつりをやることになり、私は実行委員に応募した。なんとか祭を盛り上げたいと考えた私は、永六輔さんに来ていただいたらどうかと提案し、彼にあてて手紙を書いた。その下書きが箪笥のどこかにあるはずなのだが、今回箪笥の半分まで探したが見当たらなかった。当時、小和田公民館の主事だった鈴木敏治さんが永さんの事務所に送ってくれた。まもなく承諾の返事が来て、実行委員のみんなが興奮した。祭は盛り上がるだろうが、出演料はいくら要求されるのだろうかと心配になってきた。

当日の夕方、ふらりと永さんが公民館に現れた。謝礼のことを聞くと、投げ銭でいいとのこと。公民館の大会議室に花ゴザを敷き、200人くらいが座り込んだ。「永六輔の辻説法」は宇宙のことやコンピューターのこと、尺貫法等々、その話芸の見事なこと！　みな大満足だった。約束通り、永さんは箱を持って出口に立ち「お金を持って来なかった人は目を伏せて通り過ぎてください」と声をかけた。お金を持って来なかったと、家まで急いで帰り、1000円札を掴んで戻って来た人もあった。私が「お金を数えましょうか？」と言うと、彼は澄まして「いや、けっこうです」と箱を大事そうにしまい込み、これから関西方面に向かうからと早々と帰って行った。

1983年の統一地方選挙の茅ヶ崎市議選に私が仲間から推薦されて出ることにな

り、茅ヶ崎市議の先輩である岡本花子さんや藤沢市議の西條節子さんに推薦人をお願いしていたが、日本婦人有権者同盟の紀平悌子さんにも岡本さんと一緒に新宿の婦選会館に行ってお願いし、了承していただいていた。私は永さんにも推薦人になっていただきたかった。できればポスターにも名前を出していただければ、と思った。その年、第13回参議院選に永さんたちが出るという。第11回参議院選に革新自由連合が中山千夏を出し当選させた。その流れで第13回では非改選の中山千夏が代表で10名の候補者を選ぶというニュースを伝えてくださったのが西條節子さんで、紀平悌子さんも参加されているという。私もその会合に参加することになった。そして、永さんには推薦人になってくださるよう直接お願いした。彼は快く承諾してくださったし、ポスターへの名前の掲示も「紀平さんと並べてください」とはがきをくださった。かくして、ポスターには推薦人として紀平悌子、岡本花子、長洲一二（神奈川県知事）、永六輔の4人の方々の名前が入った。

そればかりか、4月の選挙最終日に永さんは応援に来てくださったのだ。それも1時間という条件つきで。駅頭で応援してくださるのかと思ったら、人が多い団地に行くと言って、候補者を乗せない車で永さんは浜見平団地に飛んで行ってしまい、私たちは追いかけて、やっと合流できた。永さんはマイクを握って「永六輔は男のおばさんです。西山正子は女のおばさんです。世の中、男と女が半分こ。議員も男と女の半分こにしませんか」と語りかけた。鶴が台団地に車が行くと大騒ぎになった。大勢の人が車を追いかけて来た。永さんはどうしても1時間で帰らなければならないと、市役所の前あたりで降りて、駅までの道を走った。選挙カーがそのあとを追いかけ、岡本さんが「前を行くのは永六輔さんです。急いで帰られるので止めないでください」とマイクで叫んだ。その後、永さんに会った時、彼は岡本さんに「先日は大変な放送を流してくれたね」と大笑いされた。

私は皆の力で上位当選を果たした。参議院選は6月で、お礼も兼ねて無党派市民連合の渋谷での街頭演説会に岡本さんと応援に駆け付けた。矢崎泰之、永六輔、長谷川きよし、岩城宏之などそうそうたるメンバーが並んでいた。私は指揮者の岩城さんに「当選したら本当に議員をやるのですか？」と質問したが、彼は「やりますよ」と胸を張って答えた。しかし、会派の結成なかばで順位をめぐっての争いで八代英太は福祉党へ、青山幸男は二院クラブへくら替えし、そして結果は50万票以上取ったが、1人の当選者も出せなかった。以来、永さんは政治の世界に手を出すことはなかった。

あの時、永さんたちが当選していたら、日本の政治の世界はどうなっていたかな、と今でも考えることがある。

その後、永さんは、辻説法や中村八大さんと組んでのコンサート等を精力的に行い、私は時間があれば、よく出かけた。永さん作詞、中村さん作曲の「黒い花びら」「上を向いて歩こう」「こんにちは赤ちゃん」「遠くへ行きたい」「夢で逢いましょう」などを蝶ネクタイをした永さんが中村さんのピアノ伴奏で歌い、おしゃべりも入り、とても楽しかった。永さんに「また来たの」と言われたりした。中村さんが糖尿病で顔色が悪くなっていくので「体は大丈夫なの？」と聞いたことがあった。「どうして？」と中村さんは心外そうだったが、あの頃から体調はどんどん悪くなっていったようだ。亡くなられたのは1992年6月、享年61歳。茅ヶ崎にあった別荘も売り払われた。

永六輔著『あなたの「いのち」をいただきます』（ヴィレッジブックス、2007年）という本に出会った。この本は永さんの「学校ごっこ」の本。その五時限目「八月十五日」って何ですかという箇所の最後に永さんの8月15日についての文が載っている。ぜひ本を読んでほしい。

（「息吹き」329号　2017年）

2. 畑田重夫先生と行く沖縄平和学習ツアー

私と沖縄とのかかわり

私と沖縄とのかかわりは、1952年製作の映画『ひめゆりの塔』に始まる。当時、私は高校生だったが、戦争の恐ろしさ、悲惨さをしっかりと心に刻みこんだ。

1980年10月、横浜高島屋で開催された「ひめゆりの乙女たち」展を見に行った。「ひめゆり部隊」の女子学生、「鉄血勤皇隊」の中学生たちの遺品や写真を見るのは辛かったが、死んでいった彼らにかわって、私が出来ることは再び戦争への道へと踏み出さぬよう運動していくことだと思った。

1982年、茅ヶ崎で沖縄の北島角子さんのひとり芝居『島口説《しまくどぅち》』を公演するというので、実行委員になった。市民文化会館の大ホールでやったが、お芝居は大成功だった。この時、実行委員であったウチナーンチュの小浜哲夫さん（横須賀市在住）と意気投合して交流を続け、茅ヶ崎の社会教育を考える会では、小浜さんを中心に1996年から10年間、「沖縄を知るつどい」を毎年1回行った。残念なことに小浜さんは途中でお亡くなりになり、三線奏者の五木田秀夫さんに代わった。

1997年『ガマ　月桃の花』茅ヶ崎上映実行委員会で知り合った若者たちから全交（働く青年たちの全国交歓会）の沖縄ツアーに誘われた。7月開催だが、そのプレ集会が2月にあり、それが沖縄土地収用委員会の公開審理傍聴だという。まず、それに参加しないかと言われて、出かけて行った。小浜さんが電話してくださったので、会場の宜野湾コンベンションホールで、伊江島「わびあいの里」の謝花悦子さんにお会いした。次の日、伊江島の阿波根昌鴻さんを訪ねることになった。小浜さんがNHK「心の時代」という番組で阿波根さんを取材したビデオテープを貸してくださったので、それを見て沖縄へ行くならぜひ会っておきたいと思ったのだ。次の日、始発のフェリーで伊江港に着くと謝花さんが車で迎えに来てくださっていた。この時の阿波根さんのお話は、30分と言われていたのに1時間もかけてくださり、一生心に残るものので、私の宝物となった。

2002年に名護で第42回社会教育研究全国集会があり、集会終了後、茅ヶ崎勢は伊江島に寄って、謝花さんに大変お世話になった。

沖縄平和学習ツアー

前おきが長くなったが、沖縄も伊江島も私には近しい存在になっている。今回は畑田先生が昨年から伊江島に行きたいとおっしゃっていたので、「畑田重夫国際政治研究会」をふくむ「畑田会」がツアーを企画してくださった。実は茅ヶ崎では「平和憲法・畑田ゼミ　湘南ちがさき」という会をつくっており、私もゼミ生になっているが、畑田先生が鎌倉から静岡の高齢者施設に移られたので、じかに教えていただくことは少なくなった。それで、こうしたツアーがある時はなるべく参加して、卒寿を迎えられた先生から今のうちにいろいろ教えていただきたいと思っていたのだ。今回のツアー参加者は20数名だったが、9名は茅ヶ崎・寒川からの参加である。

畑田先生は40歳代で中央労働学院の政経科で講師をしていた時、阿波根さんや謝花さんを教えられたそうだ。

3月1日、羽田から那覇に降り立ったのは11時少し前だった。私は昨年の11月にも沖縄に来ているので「ただいま！」という気分だった。今回はツアー会社からスタッフが同行してくれているので、安心の旅だ。

・不屈館

まず開館1周年を迎える那覇の不屈館に行った。不屈館は沖縄の祖国復帰と平和な社会の実現をめざして命がけで闘った偉大な政治家、瀬長亀次郎さん（元那覇市長、元衆議院議員）が残した資料を中心とした資料館である。館長は瀬長さんの次女の内村千尋さんで、館内を案内し、説明をしてくださった。

・伊江島

それからバスの中でお弁当を食べつつ本部港に向かった。3時のフェリーに乗らないと伊江島に行かれなくなる。余裕の時間に着き、フェリーに乗船、伊江島のタッチューと呼ばれる城山が見えてきたときは、ああ、また伊江島に来ることができたと嬉しかった。

財団法人わびあいの里主催の第12回「ゆずり合い・助け合い・学び合う会」は、いつも通り伊江村改善センターで行われた。4時、名護市議の川野純治さんの司会で始まり、基調講演は、わびあいの里理事長の山内徳信さんだ。私は彼が読谷村の村長の時に1回、またこの学習会でも以前にお話を聞いているので3回目である。村長を辞めてから2007年に参議院議員に当選（比例区）、2013年にやめられた。

講演のテーマは「民衆には力がある―国家暴力を阻止し得るのは民衆の闘い―」。お話は阿波根さんたちの伊江島土地を守る会から始まって、人権、民主主義、平和、教育を破壊する国家権力の暴走、そして名護市長選挙の勝利は人権、民主主義、平和の勝利である。知事が承認してしまった辺野古新基地に対して、どう闘っていけばよいのか、県民は「自然権（自然法）」に基づく「抵抗権」「生命防衛権」で闘っていこう。アメリカの独立宣言の中に自然法の思想が書かれている。人は生まれながらにして他にゆずりわたすことにできない生命、自由、幸福という権利がある。勝ち抜く根性をもって、夢を抱いて闘いぬこう。民衆の知恵と団結に勝るものはないのだから。弱者が勝つ方法は闘わずして勝つこと、つまり知恵を働かせることだ。

私はいつも山内さんの話に励まされる。たいしたものだと思う。アトラクションとして三線演奏と陳情口説があった。食事をしてから7時半に映画『標的の村〜国にうったえられた東村・高江の住民たち〜』（QAB琉球朝日放送制作）の上映があった。この映画は、やんばるの森、東村・高江区に6つのヘリパッドが新設され、オスプレイも配備されるというので、高江の住民の建設阻止の闘いの記録である。前々回の沖縄行きの時、私は高江の住民テントを訪問した。その時、説明してくださった伊佐真次さんもこの映画に出てくる。もう一人の主演者（？）安次嶺現達さん（通称ゲンさん）は会場にいらしており、映画上演後、話をしてくださった。住民たちの非暴力の抵抗の仕方、時には民謡を歌い、カチャーシーを踊り、その闘いに対し、国は現場で座り込みをした住民15人を「通行妨害」で仮処分申請をしたのだ。その中には当時まだ7歳だったゲンさんのお嬢さんの海月ちゃんも含まれていたのだ。彼女は現場に行っていないのに。こうした政府のやり方は、余りにも理不尽で涙が出てくる。やんばるの自然の中で遊ぶゲンさんの子どもたちが実にかわいい。ゲンさんのお嬢さん、海月ちゃんが、会場で写真をパチパチ撮っていた。私の隣の方が「あれ、海月ちゃんよ」と教えてくださったので、思わず「えーっ！　そうなの」とそのスラリとした姿を振り返って見た。この映画の中で、もっと驚いたのは、ベトナム戦争当時、ここに「ベトナム村」をつくり、日本人を標的にした戦闘訓練をしていたことである。高江の住民がベトナム人役として駆り出されていた。

3月2日は朝7時前に同室の友人と私はタッチューに登った。私はこの山には何度も登っているので、30分あれば十分往復できるのを知っている。曇っていたが、頂上からは360度の展望だった。

学習会は9時に始まる、宇根悦子さん（阿波根昌鴻資料調査会）の資料調査活動報告があり、そのあとは参加者からの報告及び発言が続いた。畑田先生も教え子の阿波根さんの勉強ぶりなどを紹介され、とにかく学習しようということや、もう一度伊江島に来たいと思っていたが、今回叶えられた喜びを話された。最後にわびあいの里理事の謝花さんの挨拶でしめくくられた。参加者が多く、発言も多かったので喜んでいらした。

昼食のお弁当を食べてから、島巡りのバスで、アーニー・パイルの記念碑、ニィヤティア・ガマ、真謝の団結道場、わびあいの里等を見て回った。わびあいの里では、ヌチドゥタカラの家反戦平和資料館を見学した。

バスで巡る途中、団結道場の前で、ツアーに参加していた報道カメラマンの嬉野京子さん（伊江島の写真集などを出している）が語った話は衝撃的だった。まだ沖縄が復帰前のことだが、団結道場の起工式の写真を撮ろうと出かけたら、米軍が来て起工式の準備をしていた農民たちをつかまえ始めた。撮影をしていた嬉野さんは米兵にカメラを取り上げられ、フイルムを抜かれた。ゲート前で農民逮捕に抗議する集会に行ったら、基地の中に連れて行かれ、「嬉野京子さんですか？」と聞かれ、「答える義務はない」と答えた。釈放されたものの指名手配されて、やっとのことで沖縄から日本へ帰った話を聞いて慄然とした。米軍に不利となることを報道されたくなかったのだろう。特定秘密保護法のことと考え合わせると、とても怖い。

4時のフェリーで伊江島に別れを告げた。

・名護

本部から宿舎のルートイン名護に向かった。ホテルで少し休んで1時間後、今夜の交流会は現地の人も加わり30名近く、「花時季（はなどき）」という嬉野さん紹介のお店であった。お酒は持ち込みでオリオン・ビール、泡盛、ワインなど、料理もおいしかった。

3月3日、5時過ぎに地震があり、震度4ということで驚いた。沖縄で地震は珍しいそうだ。8時すぎ、バスに乗り込み宿を出発。8時半、名護市役所に行き、職員と具志堅徹市議から名護の基地の話を聞く。普天間から代わるという新基地の辺野古、大浦湾は自然からの恵み豊かな場所で、サンゴあり、ジュゴンやウミガメ等が生息している。埋め立てる土砂の量は２１００万㎥と多く、本土からも持って来なくてはならない。

この日は3月議会初日で、再選後初の稲嶺市長の施政方針演説がある。少しの時間、傍聴させてもらった。新聞記者やテレビ関係者が大勢取材に見えていた。市長は淡々と所信を述べた。冒頭で「一期目は常に『市民目線』に立って市政運営に努め・・・（略）。今回の選挙は、普天間飛行場の辺野古移設が最大の争点となりましたが、名護市民は、きっぱり『ＮＯ』の判定を下しました。中央からの様々な圧力・介入がある中で名護市民・沖縄県民はウチナーンチュの誇り、気概を見事に示してくれたと思っております」と述べた。全部は聞けなかったが、いただいた施政方針には（名護に新たな基地はいらない）とはっきり書かれていた。

それからバスで辺野古を訪問したが、美しい海を埋め立てて新基地を作るという計画には、どうしても納得がいかない。茅ヶ崎から持って行った寄せ書きを私が代表して「共々に頑張りましょう」と手渡した。これからの稲嶺市長の闘いは厳しいことが予想されるが、私たちも全力で応援していかなくては、と思う。

３日間のツアーでは本当に勉強させていただいた。宿題として読み込まなければならない資料や本がたくさんあるが、少しずつでも手をつけて、沖縄に心を寄せていこう。

それにしても、今の政治はおかしい。辺野古への新基地建設、特定秘密保護法の制定、原発再稼働、教育の国家統制の強化、憲法九条の解釈を変更し集団的自衛権の行使容認に踏み切ろうとする等々。再び戦争への道を歩むことのないよう、主権者の一人として意見を言い、行動していくつもりだ。

（「茅ヶ崎革新懇ニュース」１０５号　２０１４年）

３．あなたを忘れない　関千枝子さん

関さんと知り合ったのは１９７０年代後半だ。私が図書館のことで電話したのが最初である。初めてにしては、ずいぶん長いこと話した。彼女は横浜の図書館、特にその時お住まいになっていた金沢区の図書館づくりに関わっておられ、私は茅ヶ崎の図書館づくり、公民館づくりの市民運動に関わっていて話が合った。その後、図書館の

つどいなどで顔を合わすことが度々あった。

私が1983年に仲間の皆に推されて茅ヶ崎の市会議員選挙に出ることになった時、全国婦人新聞の記者になられた彼女は、私を紙面に取り上げて下さった。私の当選が決まると、全国婦人新聞に『かけ出し市議奮戦記』をかいてみたら、とすすめてくださった。そして連載が終わると、1冊の本にしたらと、西田書店を紹介してくださり、『女と政治の交差点（スクランブル）』という本になった。関さんは『広島第二県女二年西組』を出されて、お忙しい時だったのに、何かと面倒をみてくださった。私にも本を贈ってくださり、出版記念会に駆けつけたものだった。

いつもお世話になるばかりだったが、ノーモア原爆、ノーモア戦争で私たちは一致していた。ご冥福を祈るばかりである。

（「息吹き」288号　2008年）

4. やったね！　鈴木敏治さん——テレビ朝日「人生の楽園」に出演

毎週土曜日18時からのテレビ朝日「人生の楽園」は私の好きな番組である。ナレーター(ここでは楽園の案内人)が西田敏行と伊藤蘭。前はいかりや長介だった。

新たな第二の人生をいかに送るか、というのがテーマのようだ。何年か前にも鈴木さんに言ったことがあるが、あの番組に鈴木さんが出ればいいんだよってね。それが本当になったのだ。4月12日(土)、夕食の支度もそこそこにテレビの前に座った。畑仕事に精を出す鈴木さんご夫妻、一本杉通りの路地での朝市、その通りのオー・ゴッドの会のおかみさんたち。版画の「きつつきの会」の版画制作風景。「能登のおとうちゃんになりたい」という鈴木さん。もう十分のとのおとうちゃんです。西田敏行のように「頑張ってくださーい。応援してまーす」

この鈴木敏治さんは、私たちの公民館づくり運動を職員の立場で支えてくれた人です。名前こそ出ていませんが、原稿のなかに「職員」と出てくるのは、この鈴木さんである場合が少なくありません。その彼は小和田公民館開設時の公民館主事として活躍し、「わがまち茅ヶ崎に公民館ができて本当によかった。公民館には、出会いがあり、学びがあり、文化が交流します。誰かが言った、公民館は、毎日がドラマだと。やがて第二号公民館が、わが住む里、鶴嶺萩園に建設されます。こういう公民館をうみだす大きな力となったのは、「息吹き」に負うところが多いといえます。本当によくやった、その内容も濃い、単に公民館をつくれというばかりでないところがこれまた実にいい。これこそ茅ヶ崎の文化の底力といわずして何とよびましょう。もし百号まで続くとしたら、茅ヶ崎の一時代を完全に形づくることになるでしょう」と「息吹き」50号（1981年）で生き生きと語ってくれていました。

そんな彼が、四半世紀を経た2003年をもって茅ヶ崎市役所を退職し、第二の人生として畑を耕し、版画の制作に打ち込むことにしたのです。「息吹き」263号に「茅ヶ崎が故郷になる日」を書き残し、茅ヶ崎市から能登へと旅立ったのです。その彼が「人生の楽園」に登場でした。

（『息吹き』288号　2008年に加筆）

5. 赤ちゃんを背負って鮮烈デビュー・高月雅子さん

1975年に市民学習グループ「公民館について勉強する会」ができ、1976年に運動体としての「茅ヶ崎市に公民館をつくる会」（今の「茅ヶ崎の社会教育を考える会」の前身）を発足させた。高月さんと出会ったのは1978年だったと思う。社会教育課の係長だった金子忠志さんから電話があって「関西から来た高月さんという人が教育講座に出たいと役所に来て、保育をしてほしいと言われたけど、保育はやっていないと言ったら、どうして行政が保育をやらないのかと言われてしまった。あなたを紹介したので、電話してあげてくれないか」ということだった。すぐに私は彼女に連絡を取り、勉強会に来てもらった。赤ちゃんを〝ショイコ〟みたいなもので背負っての鮮烈デビューだった。

聞けば彼女は慶応大学の通信教育の受講生で、スクリーン時の託児所運営委員でもあった。保育室のある公民館づくりを目指していた私たちと意気投合し、一緒に活動を始めた。

小和田公民館ができた時は、公民館運営審議会委員もやったし、茅ヶ崎の保育を考える会や茅ヶ崎常民学舎の立ち上げにもがんばり、1981年に私が第1回勝又地域女性彰を受けると、1983年には高月さんが同じ彰を受けた。

1983年に私がみんなに推されて市会議員になり、1981年に鐘ヶ江さんが市会議員になり、1995年に私が議員をやめて高月さんが議員となった。

2007年に議員をやめてからも性教育問題、従軍慰安婦問題等に取り組み、フ

リースペース　ポレポレ・ちがさきの活動に忙しくしていた。3月18日、自宅で倒れて、あっという間に天に召された。私のスマホには3月7日付の彼女のメッセージが残されている。

それを見るたび、何ともいえない寂寥感に襲われる。

（「息吹き」316号　2014年）

第4章　日々の生活

1．ベビー・シャワー

次男の連れ合いはコロンビア人である。２００６年9月に彼が「結婚したい」とコロンビアから連れて帰ってきた彼女＝エイディは、その時19歳。色浅黒く、目が大きく、ほっそりしていた。あの体ではなかなか妊娠できないだろうと思っていたが、昨夏、妊娠が判明した。私の夫が生きていたら（２００８年死亡）、どんなに喜んだろうと思う。結婚に至るまでの夫の苦労は大変だった。外務省を訪問したり、コロンビア大使館に行ったり、手続きに必要なさまざまな書類を整え、コロンビアに送るという手間のかかる仕事を父親として敢然とやってくれた。

２０１０年3月7日、教会のなかまたちが彼女の25回目の誕生日を祝うと同時にベビー・シャワーをやってくれるという。ベビー・シャワーとは、アメリカなどで出産を間近に控えた妊婦を囲んでお祝いをするパーティーである。次男も参加するが、義母である私にも来てほしいというので、好奇心旺盛な私は、どんなふうにパーティーをやるのか知っておきたくて、参加することにした。

教会は千葉にあるので、息子の運転で車で本千葉に行くことになった。12時40分に家を出た。

向こうについたのは3時を過ぎていた。パーティーで食べる料理や飲み物は妊婦側が用意するということで、息子は飲み物は買ってあったが、本千葉駅の近くで注文していたサンドイッチや寿司を受け取って、パーティー先の家へ急いだ。教会帰りの女性たちが、大勢来ていた。子どもたちは部屋中を走り回っていた。総勢30名近くいると聞いて、息子は近所のスーパーに寿司の買い足しに行った。

部屋の中はベビー・シャワーの飾り付けの最中だった。壁には赤ちゃん用の洋服、ソックス、よだれかけ、帽子などがピンクの風船と共に貼り付けてあるし、テーブルには大きな哺乳瓶があり、そのなかにはキャンディやマシマロが入っていた。部屋の片隅には、ダイアパーケーキ（紙おむつを3段くらい丸く並べてケーキに見立てて花やリボンで飾る）が置いてある。本物の赤ちゃんが（2ヵ月くらい）ソファーに寝かされていたりする。

エイディは、こうのとりを貼り付けたピンクの大きな箱を用意していったが、来た人はみんなこの箱の中に赤ちゃん用のプレゼントを投げ込む。

それから女の人は車座になりゲームを楽しむ。司会の人が「生まれて来る赤ちゃんのために必要な物を5つ書いてください」というクイズを出す。お父さんお母さんの愛情だろう……と書き出すと、必要な物＝品物だというので、哺乳瓶か何かと思ったら、やはり愛情とか健康だという。何しろスペイン語でやっているので、日本語にする時に誤解が生じたようだ。

それからジェスチャーゲーム。出産とか帝王切開とかお産にまつわる「お題」が出る。指名された人が熱演するので、みんな大笑い。合い間にクッキーが出たり、サンドイッチが出たり、お寿司がまわってきたり、飲み物はいかがと聞きに来てくれたりする。

男の人用のゲームは、本当の哺乳瓶でジュースを飲む競争。これには、大の男がだいぶ手こずっていて、またまた大笑い。アルコールもないのに、すごい盛り上がりよう。

妊婦のお腹まわりがどのくらいあるか予想してそれぞれがロール・ペーパーを切る、その紙を持っていて最後にそれを妊婦のお腹にあてて合った人が勝つゲーム。妊婦が赤ちゃん人形のパンツを脱がせ、おむつを取り替える練習をするのだが、なんとそのおむつはリアルに汚されていて、エイディは「ワァー、オカーサン！」なんて叫ぶので、またまた大笑い。

エイディが南米出身の人につくってもらったというケーキは、上に赤ちゃんの人形と小さな哺乳瓶とレースの飾りがのっている。上の飾りの部分をはずして、年上の女性が上手に人数分にカットする。まわりは砂糖で白く固めた甘いケーキで、とてもおいしい。

最後に妊婦がみんなのプレゼントを開けて、その品物は誰がくれたのか当てる。女の子だということでピンクのかわいい洋服や帽子やシャツや毛布、タオル等々。みんなに祝われて生まれて来る子は幸せだ。

ベビー・シャワーは、最初の子の時だけだと聞く。教会の人たちは、仲間うちで子どもの洋服を次々にまわすことにしていると言っていた。

2ヵ月の赤ちゃんを連れてきたパトリシアは、43歳。上の子どもは24歳、21歳だそうだ。「赤ちゃんが欲しかった。みんなは動物を飼えば……と言ってくれたけど、人間がいい。話し相手になるもの」と愛しそうに赤ちゃんを抱いていた。

ここに集まった人々はコロンビア、ペルー、ブラジル等から来ている。後で牧師さんも見えたが、彼はコロンビアのカリ出身で、エイディとは同郷である。

8時過ぎ。そろそろお開きの時間。みんな抱き合って別れを惜しむ。私もだれかれとハグする。「いちゃりばちょーでー（沖縄の言葉で、行き会えばみな兄弟）」の言葉が頭をよぎった。本当に心やさしい人々。ラテン系のノリで、心から笑い、陽気にはしゃぐ。私もとても楽しかった。

日本でもベビー・シャワーが流行ればいいと思った。そしたら、妊婦も出産を楽しく待つ気持ちになれるのではないだろうか。

（「息吹き」３００号　２０１０年）

2. 映画『ストーリー・オブ・マイライフ／私の若草物語』を見て

今夏、コロナの緊急事態宣言が解かれて、辻堂の１０９シネマズに7月3日、表題の映画を見に行った。入口で検温、手の消毒をして中へ入った。私は以前にMGM映画『若草物語』を見ている。中学生の頃だった。

原作は150年前に出版されたルイザ・メイ・オルコット著『Little Women』。日本語訳は『若草物語』となっている。この物語は、ルイザの自伝的小説で、彼女と彼女の3姉妹をモデルにしたメグ、ジョー、ベス、エイミーの4人姉妹の物語である。19世紀のアメリカ、ニューイングランドを舞台として、ピューリタンであるマーチ家、父は黒人奴隷解放のため北軍の従軍牧師として出征しており、女ばかりの家庭となる。

ローリーはジョーが好きだったが、彼女に受け入れてもらえなくて、エイミーに結婚を申し込む。姉のメグは貧しい教師と結婚し、子どもを産む。ベスはローレンス家のピアノを弾かせてもらいに行き、気難しいローリーのおじい様と仲良くなるが、病気で亡くなってしまう。ジョーは、自分の本が出版されることになり、作家の道を歩み始める。そして、ベア教授と親しくなり、結婚する。父は無事に帰宅することができ、家族一同喜びに充たされる。家族愛や隣人愛が描かれた暖かい物語である。

新しい『若草物語』の映画はグレタ・ガーウィークという女性の監督で、映画自体は悪くないのだが、私が子どもの時に見た映画の印象が強すぎるのである。

１９４７年作
監督　マーヴィン・ルロイ
メグ　ジャネット・リー
ジョー　ジューン・アリスン
ベス　マーガレット・オブライエン
エイミー　エリザベス・テイラー
マーチ夫人　メアリー・アスター
ベア教授　ピーター・ローフォード
マーチ伯母

２０１９年作
グレタ・ガーウィグ
エマ・ワトソン
シアーシャ・ローナン
エリザ・スカンレン
フローレンス・ピュー
ローラ・ダーン
ティモシー・シャラメ
メリル・ストリープ

配役を見ても、新作の俳優たちはメリル・ストリープくらいしか名前を知らないが、前作はほとんど知っている。ジョー役ジューン・アリスンのしゃがれ声が親しみやすく大好きだった。ジャネット・リーの美しさ、マーガレット・オブライエンの可憐さ、エリザベス・テイラーの可愛さも印象に残っている。ピーター・ローフォードのローリーは本当にすてきで、胸がわくわくした。それに比べて新作のティモシー・シャラメは幼顔で、かわいいけれど、男の魅力が感じられない。

わが家の4人姉妹は、しっかり者のメグが長姉、文学好きのジョーは私、オルガンを弾くのが大好きな次姉はベス、甘えんぼのエイミーは妹というように自分たちをあてはめて、楽しんだ。私はジョーにならって、物語をいくつか書いた。

どうしても、子どもの時に見た映画の方が印象が強いものだ。『美女と野獣』がそうだ。小学生の時に見たフランス映画の『美女と野獣』は洋画を見た最初だったのではないか。野獣役のジャン・ギャバンが最後に王子様に戻るのだが、王子様になったジャン・ギャバンがすてきで夢にまで見た。白黒映画の傑作だと思う。昨年、ディズニー映画の『美女と野獣』を見たが、やっぱり前作には適わない。

最後に『若草物語』を見た時のエピソードを紹介しよう。私が中学生の時のある日、長姉が「『若草物語』の映画が東京に来るんだけど、それについて4人姉妹のコンテストがあるの。それで出れば、映画がタダで見られるのよ。私たち出てみない？」と妹である私たちに提案した。私たちは、みな映画好きだったので、すぐに賛成した。

映画館は帝劇だったと思うが、4人姉妹のコンテストに出かけてみると、何組もの4人姉妹が殺到していた。こんなに4人姉妹がいるのだと驚いた。審査員が並んでいる部屋に次々と4人姉妹が呼ばれた。私たちの番が来た。審査員の1人は、スターの乙羽信子だった。何を聞かれたか、まったく覚えていないが、ほんのいくつかの質問がなされて、次の4人姉妹と交代となった。

ロビーで待っていると「今日は人数が多いので、選にもれた人は、映画の券をあげるから、日を改めて見に来るように」というようなアナウンスがあった。また電車賃を使って、ここまでは来られない。映画をあきらめるのか。私は泣きたくなった。その時、長姉がとった行動は、私はいまだに鮮明に覚えている。彼女は、映画館の支配人らしい人のところに、つかつかと歩み寄り何事かを訴えていた。しばらくして、彼女は勝ち誇ったように私たち妹のところへ戻ってきて「映画見られるわよ。中へ入ろう」と言って客席へ私たちを連れて行った。

そんなわけで、私たちはコンテストの発表と映画を見ることができた。選に入った

４人姉妹は、外交官の娘たちとかピアノやダンスがうまいとか特技を持った人に限られていたようで、彼らは舞台に挙げられて賞品をもらっていた。

この時、私は映画をみられたことで満足だった。私の人生の中であの時も記憶に残る格別の映画であった。長姉は、いつもは姉貴風を吹かせて、えばっていたが、あの時の彼女を思いおこすと、私は尊敬の念を抱くのだった。

つい数年前に長姉にその時の様子をはなしたら、「アラ、そうだった？　私は忘れちゃったわ」と、あっけらかんとしていた。


（「息吹き」３４２号　２０２０年）

3．わが夫、達雄へ

たっちゃん（結婚前からずーっとこう呼んでいた）
とうとう「息吹き」も３００号を迎えるよ。私が３００号で「息吹き」を終わると言った時、３００号まできちんとやらないといけないと言って、３００号までの郵送ラベルを作ってくれていた。「正子が一生懸命になっていることに俺が協力しなければ……」と言ってくれていたよね。あなたは、いつだって本当のことを言ってくれた。本音で言い合いをするから、よく喧嘩したね。

私の気の弱いところもみんな知っていた。だから死ぬ少し前だったか、「正子は強いから」と言った。あれは私への励ましだったのだろうか。「正子は強いから、これからも頑張れるね」と言うつもりだったのだろうか。

本当に「息吹き」発行に関しては長いこと一生懸命やってくれた。郵送のラベル作り、会員・購読会員の住所録作りもやってくれたし、原稿が来た時は「俺が打っておこうか」と言って文書を入力してくれたこともあった。

たっちゃん、あなたが死んでから、もう1年半になる。私は、背後にあなたの視線を感じながら仕事をしてきた。いつも、いつも、あなたの優しい視線と励ましで私はやってきた。

3月27日の茅ヶ崎の社会教育を考える会の総会で小磯さんが「息吹き」を引き継いで編集・発行を担当してくれると言った時、私は本当にうれしかった。

私は幼い時、あまり物を言わない子だった。絵本はよく読んだ。空想の世界にいるのが好きだった。自分でお話をつくった。

小学校4年生の時「なでしこ」という文集を女の子たちで出した。受け持ちの先生がガリ切りをしてくれた。

高校の時、新聞部に属し「スクールライフ」という雑誌を出した。大学の時はドイツ文化研究部という会に入り、「独研ニュース」「レルム」（ドイツ語で騒音）とか「タンネン（ドイツ語でもみの木）」という機関誌を出した。あの時の仲間は今でも友だちだ。

茅ヶ崎では松ボックリ母親クラブで「松ボックリ」という新聞を出した。「ペンは強し」という言葉を覚えたのはいつだったか。私は多分、これから先も文字から離れられないと思う。

たっちゃん、あなたに「息吹き」300号を見せたかったよ。出来上がった300号は、仏壇に供えますね。あなたのこれまでの支えに幾万回の「アリガトウ」を言わせてください。あなたは「いろんな人の支えがあったことをわすれないで」と言うのでしょう。

（「息吹き」300号　2010年）

4. ひとりで登ること

２０１５年秋、夫の夢を見た。２００８年10月に夫が死んでから初めてのことだった。それは明け方だったから覚えていたのかもしれないし、以前にも夢で会っていたのかもしれない。夢の中で私は夫に「一緒にご飯を食べようね」と話しかけて、いや、この人は死んでいるのだから食事をすることはできないのだ、と妙に寂しくなった。

年末に部屋の整理をしていたら、１枚の原稿用紙が出てきた。夫の死後まもない頃に書いた詩である。

もう戻れない　あの日々

もう戻れない　あの日々
私の傍に　あなたがいて
お互い空気のように

感じていた　あの頃
幸せだった　あの頃

私の傍に　あなたがいなくなり
スースーと　風が過ぎる
幸福というのは
なくなって　初めてわかる
幸せだった　あの日々

もう　あの日々は遠い
あなたのいない　この日々の
むなしさ　さみしさ
でも　私は生きていく
ひとり　生きていく

最近テレビでよく百名山をやっている。見ていると、夫と登った数々の山を思い出す。私が仕事をやめてから、夫は百名山に登ろうと言い出した。私は、それまでにいくつか百名山に登っていたが、夫と私のどちらかが登っていれば、それも数に入れようということになった。それで、全国各地の百名山を登ることになった。四国にも九州にも北海道にも行った。夫は、車の中で寝泊りできるよう、食事も作ることができるように車を改造した。そして出かける度に車をもっと居住性の良いものにと研究し、改良していった。2人で行く山旅は本当に楽しかった。

それが夫が70歳を過ぎたある日「もう百名山はやめにする」と宣言した。夫より6歳若い私は「まだ私は登りたい」と言い、結局、夫は私を登山口まで送って、下山口で私を待つというアッシー君をやってくれることになった。夫は私のために登山口ルートをあれこれ考えてくれて、私は夫が作ってくれた計画表にしたがって登山することになった。

ひとりで登った2000メートル級の山はざっと列挙すると、飯豊山、爺ヶ岳・鹿島槍岳、白峰三山と呼ばれる北岳・間ノ岳・農鳥岳、常念岳・蝶ヶ岳、空木岳、塩見岳、鳥帽子岳・野口五郎岳・黒（水晶）岳・鷲羽岳・三股蓮華岳・双六岳・弓張岳の裏銀座コース、聖岳、千枚岳・丸山・悪沢岳、白馬大池・白馬乗鞍岳・栂池、編笠山などである。剱岳は、前剱まで登ったのだが、雨足がひどくなり、断念、撤退したのだった。飯豊山の時は、夫は登るつもりだったのだが、前夜に下痢をして、登るのをあきらめたのだ。その時は、同年輩の男性2人と道連れになり、小屋に入るのも一緒、登頂も一緒で楽しい山旅だった。

裏銀座コースは最初の宿泊の烏帽子小屋で70歳を超えた女性の2人組（当時、私は60代）と同室になり、いろいろ山のことを教わったり、自分たちはもう下山するだけだからと食べるものを分けていただいたりした。裏銀座コースは天気も良かったので、素晴らしい山旅だったが、下山口のロープウェイの新穂高温泉駅で待っていてくれた夫は「雷が鳴っているから危ない」と言って、私が温泉でひと風呂浴びるのを待って、すぐ車を発進させた。それから雷鳴と共に物凄い雨が降ってきた。この時、塩見岳ではツアー参加の人が落雷で亡くなった。亡くなったのは夫婦で参加していた夫の方だったそうだ。

南アルプスの聖岳から下りて東海フォレストのロッジに泊まった時、夕食でテーブルを共にしたポーランド人の神父さまは、翌朝ひとりで聖岳に登られるとのことだったが、日本在住26年とかで達者な日本語で「どうして、ひとりなのですか」と尋ねられた。「夫は歳をとり、もう高い山に登るのはイヤだと言っています。ふもとで私を待っています」と答えると、神父さまは笑って「それは2人一緒に登るのと同じことですよ」と言ってくださった。山を下りて、夫にこの話をすると、とても嬉しそうだった。

私は下山の時は、待っている夫の顔を思い浮かべ、自然に足が前へ前へと進むのだった。

待っていた夫は「予定より早かったね」と声をかけてくれた。

ひとりで登る山は、登りや下りの途中で道連れになる人と会話しながらのこともあるが、たいていは、ひとりである。自ずと自分と対話するようになる。孤独の思考——何ごとも自分ひとりで考え、行動する。道に迷ったら引き返して、正しいルートを探さなければならない。山で見かけた花や鳥や空の青さ、山の美しさは、しっかりと頭に刻み込まれる。

ひとりで登るたびに、私は自信をつけていった。今思えば、夫は私がひとりで山に登り、たくましくなっていくことで、やがては自分が亡き後も、ひとりで生きていく姿を考えてのことだったのではないか。

現在、私は、私より4歳年上の同居人―夫の妹と暮らしている。何かと面倒を見なければならないが、助け合って生きている。

（「息吹き」323号　2016年）

5. 生きる

1990年の全国の高齢化率は12%、1995年で14・5%、2000年には17%と上昇している（厚生省人口問題研究所「都道府県別将来推計人口」1992年10月推計）。

一昨年、鎌倉に住む母に変化が起こった。その時、母は、87歳になっていたが、とても元気だった。私は、友だちの母親より健康で意欲のある母を誇りに思っていた。それが、玄関で転んだのがきっかけで、歩行が困難になり、今までは買物にも元気に出歩いていたのが、家にいることが多くなった。

玄関の段差や手すりのない廊下など、高齢者には大変危ない状況を見てとって、私は夫に頼んで、家の中に掴まるための手すりや柱などをつけてもらった。

今までは、私は母に甘えきりで、1ヵ月に1回くらい母を訪ねては、母の作った料理を食べ、母の方がよっぽど疲れているのに、母が、ふんわり毛布をかけてくれるのを夢心地に感じながら、また寝入ってしまったりしていたのだ。

私の仕事は、人口21万の市での市会議員で、一生懸命やればやるほど仕事は多くなり、睡眠不足とストレスで体の休まる時がなかった。私は、3期は議員をつとめようと思っていたから、3期の後半になって「次は出ない」ことを宣言して、若い人の中から後継者が出てほしい、と仲間の人たちに話した。3期目の時に、仲間の中から一人議員を出していたので、もう一人増やして3人で会派をつくってはどうか、という人が多かったが、私は、もう続けていく気持ちはなかった。母のことも心配だった。父が死んでから、母は気ままに一人暮らしを楽しんでいたが、いつまでも母をそのままにしておいていいのか、という気持ちもあった。

幸い私の後継者も決まり、昨年4月の統一地方選挙で、当選することができた。私は、やっと解放されたのである。もう、その時は、横浜市立大学の聴講生になっていたし、NHK学園の通信教育も受け始めていた。久し振りの大学も通信教育も、私には、とても興味のあるものだった。

そのうち母の様子がおかしい。ガスが点火しないまま出しっ放しになっていたりして、だいぶぼけてきたのではないか、と姉から電話があった。私たちは4人姉妹だが、幸いなことに姉2人は鎌倉に住んでいるし、妹は戸塚、私は茅ヶ崎と割合近いところに住んでいる。母は、仲のよかった母の妹が昨年の春、先に逝ってしまい、神経的にもまいっていたようだ。私は、火曜日の午前中に母のところに寄り、一緒に昼食を食べ、それから大学に行くようになった。母がおかしくなったのは、他にも原因がある。6月に姉の夫が、パーキンソン病で入院中に感染症になり、肺炎を起こして68で死んだ。8月には、その義兄の母が、癌で逝った。姉は、短期間に夫と義母を亡くしてしまったことになる。母は、仲の良かった友人にも先を越された、と言っていたが、親しい人が亡くなっていくことは、耐えがたいことだったようだ。

母は、体のあちこちが痛いというようになった。病院も内科、外科、眼科と通院していた。薬がないと不安のようだった。眠れないから睡眠薬がほしいと言った。私は、母が姉の言うように痴呆になっていくのかと思い、慄然とした。書道が好きで、すばらしい字を書いた母が、筆を持つのが億劫になっていた。NHK学園の「老人の介護と福祉」のテキストの中に精神医学者ミルトン・M・バーガーの介護の受け手にかかわる時の介護従事者の基準となるべき彼の信念というのが載せてある。26条あるのだが、そのうちのいくつかを紹介する。

「①自分の言うことに正直であれ。しかし、何もかも話すことはない。

②温かくあれ。

④関心をもって―聞き―観察せよ。

⑤できるだけ受容的であれ。

⑧現実的であれ。

⑨親密であれ。

⑩与え、食べさせ、世話し、助け、分かち合え。

⑪受け取り、求めよ。

⑮希望をもて。

⑯柔軟であれ。

⑱情熱をもて。

⑲優しくあれ。
⑳人間的であれ。
　そして彼らと共にあれ！」

私は、バーガーの信念に従って、母に優しく接した。母は、古い人間だから、率直な物言いをしないので、言葉の裏にあるものを読み取らなければならない。母の言い方で、本当にそう思っているのか、どうなのかわかってきた。

10月に母の所に行った時、母は「もう長くは生きられない」と言った。そのくせ私がゆでて持って行った栗を食べて、「初物を食べたから、長生きするかな」と言う。生きたい意欲はあるのだ。

母は、足がもつれて、よく転んだり、脚立から落ちて手の皮をぺろりとむいてしまったり、怪我も多くなった。11月に入り、寒くなってきたので、私は母の家の暖房が気になった。これまでは、居間に電気ごたつと石油ストーブで暖をとっていた。消防庁の発表によると、火災による死者は、ここ数年61歳以上の高齢者で年間６００人にもなり、全死亡者の半分を占めるという。体の動きが鈍くなった高齢者は火が出たことはわかっても、すぐに逃げるということができないのだ。足がもつれてきた母が、石油ストーブをひっくり返すことはありうること。もし、火を出したら、近所の方にも迷惑をかける。私たち四人姉妹は相談した結果、暖房器具は電気にしようということになった。

私は、家に使わないホット・カーペットがあったので、夫に頼んで、すぐに車で運んでもらった。寒くなったら使ってね、と言いおいて帰ったのだが、「邪魔だから、持って帰ってくれ」と母から電話があったのは、私たちが家に帰り着いた直後のことだった。また夫と私は、鎌倉に出かけて行って、急いでホット・カーペットを敷いた。その傍にこたつを置いた。差し込み口を増やした。何回も教えたのだが、差し込み口が増えたことで、母は混乱した。

翌朝、母から電話があり、「テレビもつかない。カーペットも暖かくない。あんたが来るまでそのままにしておくから……」その日は寒い日だった。私は、びっくりして、すぐに飛んでいった。なんのことはない。プラグが入っていなかっただけのことだった。母は、冷たいカーペットの上に、また石油ストーブをひきずってきて、使っていた。その時は、私は、かなりきつく母に言った。一人暮らしで火事を出したら、助からないよ、と。

母が、完全にホット・カーペットを使いこなすようになるまで3週間かかった。

それだけでは厳寒には足りないと思い、パネル・ヒーターを買って持って行った。これも慣れるまでに3週間かかった。母の家は、建ててから60年以上たっているのだが、夏は風通しがよく、冬はすきま風という典型的な日本家屋である。私たちが育った家だが、冬の寒さは、ひどいものだ。いくら暖房しても、これでは暖かい空気が逃げてしまう。根本的に改造しなければと思い立った。幸い私の夫は、とても器用な人で、一昨年、私たちの家を建てる時、大工さんの仕事振りを見ていて、天井版の張り方や壁紙の張り方、フロアの張り方などを覚えてしまっていた。母の家の居間やその回りの部屋の二部屋を改造することにした。11月、12月、1月にかけて、私たち夫婦は、時間があれば母の家に行って仕事をした。

母が、来客があるのを好まないことも承知だった。私はいいとしても、夫が来ることは、気を使うので疲れるのである。私は、母に迷惑をかけないように、昼食のおかずは3人分を作って持って行くことにした。そして、母にご飯を炊いてもらうのだが、母がガス炊飯器を使うのに、何回も失敗しているのを知った。目が悪くなっていて、ガスが点火したかどうか確認できないのだ。

私は、三合まで炊ける電気炊飯器をプレゼントした。しかし、これも使うのには抵抗があった。ガス炊飯器の方が慣れとている、炊いておいしい、時間が短くてすむ、いろいろ言ったが。電気炊飯器は安全だし、おいしさは変わらないと私は説得した。カーペットのこともあるから、少し時間がかかったとしても、母は習得してくれると思ったからだ。

母は新潟生まれで、魚が好きなので、おかずは魚を中心に野菜を多くして、バランスのよい食事を心がけた。母が食べやすいように、野菜も細かく切ったり、柔らかく煮たりするよう工夫した。一緒にいる時間が長くなると、母の好みがどの辺なのか、わかるようになった。

母は母で、私がこんなに料理をするとは思っていなかったようだ。つまり、料理は愛情なのだ。手をかければ、おいしくなる。喜んで食べる人があれば、どんどんつくる気にもなる。

母は、食べた後は「ああ、おいしかった。おなかいっぱい」と必ず言う。今にも死ぬのではないかと思われた母は、だいぶ元気になった。食事も、高齢者を支えるとても大切な要素だが、環境を整えることも大切だ。夫は、壁の穴を塞ぎ、壁紙を貼り、天井板を二重にし、床下の柱を取り替え、忙しく働いた。私は、彼の助手をつとめた。

私は介護セミナーに行って、介護の仕方も勉強した。母が寝たきりになったとしても、在宅でなんとかできるように。

1月になって、母は、だいぶ元気になった。足は、「あひるのよちよち歩き」だが、新しくなった部屋で、子どもたちや孫たちが集まって会食をしたい、と言い出した。夫と私には、家をきれいにしてくれて、感謝しているよ、と言った。地元の独居老人の昼食会には、真っ白くなった髪をセットして、一人でうれしそうに出かけていった。物忘れがひどくて、「お財布がない」「お金がない」と年中大騒ぎするし、過去と現在が入り乱れることもあるが、それはたいしたことではない。母が、生きる意欲を持つことが重要だ。母は、したたかに生きている。

母の家から帰る時、冬の相模湾の夕日を見ながら夫と私は車に乗っているのだが、夕映えがすばらしい。人が人生の黄昏を迎える時も、すばらしい瞬間であってほしいものだ。そして、死の瞬間にも、「いい人生が送れた」と心残りなく生ききりたいと思う。


（「草の実」（草の実会）湘南グループ文集第30号　１９９６年）

6. 老いの日々を生きる

85歳の誕生日

２０２１年11月25日で私は満85歳になった。その少し前に小川さんが、私の誕生会をやろうと言い出した。「やるなら88歳の時でいいよ」と言ったが、彼女は引き下がらない。「それはそれで……。今やろうよ」

あれよあれよという間に、私の誕生会を赤羽根山の麓の小川邸でやることになった。食べる物は、お赤飯はじめ料理を彼女の友人のマコちゃんが担当してくれることになった。石川さんがあちこちに声をかけてくれて、なんと私を含めて15人が集合。お祝いの花束やケーキまで用意されていた。参加者ひとりひとりが、私とのかかわりを話してくれて、最後にみんなで歌を歌い、なんとも楽しい会だった。歳をとるのも悪くないなと思った。

その夜は次男一家が私の誕生日パーティーをやるからと車で迎えに来てくれて、孫たちとも楽しい時を過ごすことができたし、お泊りをさせてもらった。

ひとり暮らし

２０２２年1月23日付朝日新聞の「Ｒｅライフネット　人生充実」に加藤登紀子の「ひらり一言」が載っていた。

ひとりぽっちは　ひとりじゃない。ひとりも悪くない、ひとりでいる時も、心の中で誰かと会っていたり、話していたり……。「大」という字も「一」と「人」と書くのね。

２００８年10月、夫が逝っても、夫の妹（私より年上）が同居していたので、ひとりでいるという感じはなかった。２０１８年に義妹が他界し、私はひとりになった。うまれてからこの方、ひとりになったのは、これが初めてである。小さいころは食卓を囲む家族は大勢いて、さみしいなんで思ったことはなかった。

今、独りになってしまっても、別にさみしいとは思わない。しかし、周りに誰もいなければ、部屋を散らかしても、あとで片付ければいいと思って、片付けない。だから汚れ放題となる。

以前、ひとり暮らしの知り合いを訪ねた時、万年床の回りに寝たままで用が足せるようにうず高く物が置かれていて、その雑然とした様子に驚いてしまった。でも、その気持ちはわかる。「火事になったら困るから」と一緒に行ったケアマネージャーが、息子さんに連絡して、本人は老人ホームに入ることになった。

私も本や資料など紙ばかり多くて、娘に整理するように言われている。いただいた手紙などは、その方が亡くなっていれば、尚更捨てられなくなる。いただいた本もたくさんあるのだが、やはり少し整理しなくては、と考えあぐねている。

ひとり暮らしの良い点は、自分の好きな物を食べられることである。家族がいれば、家族の好きな物を優先して料理するが、ひとりなら自分の好きな物を好きなように料理して食べられる。外食するにしても、誰にも断らなくていい。朝からラーメンを食べたければ、朝ラーだ。私は好き嫌いがないので、何でも食べるが、基本的には朝はご飯に味噌汁、漬物、卵、豆類など。昼はドーナツかトースト、コーヒーにバナナなど、あるいは麺類、夜はおかずがメインでご飯類は食べない。野菜類は赤羽根の農家が作っている地場野菜を買いに行く。冬は鍋ものにすることが多い。土鍋は、亡くなった山永妙子さんからいただいたもの。彼女が、お連れ合いの病気が原因で鬱になり、料理することができなくなって、ヘルパーを頼んだりしていたが、なかなか口に合わず悩んでいた。梅田さんや私は、そんな彼女を気遣って、彼女のために料理して届けるということをやっていた。彼女は何もお礼が出来ないからと言って、手元にあった新品の土鍋を私に手渡してくれた。今、それを大切に使っている。

そして、使うたびに彼女を思い出し、胸が締め付けられる。そうね、鍋をかけている間は、彼女にいろいろ話しかけているのだ。

老いの日々

私が尊敬する国際政治学者、畑田重夫先生は、現在98歳で、静岡の老人ホームで暮らしておられる。

先生曰く「70代は1年ごとにトシをとる。80代は1ヵ月ごとにトシをとる。90代は1日ごとにトシをとる」

なるほど、老化は加速度的に進むのである。私の目はますます見えにくくなって、小さな活字は読む気力が失せる。新聞も大きな活字のタイトルだけ読んで、小さな活字はやめてしまうことがある。白内障の手術は数年前にしたが、それほど視力は上がらなかった。

60代後半に山で転倒して右膝を痛めた。それを直すのに時間がかかった。そのリハビリにプールで歩いた。それから水泳を再開したのだが、子どもの時に泳いでいた蛙泳ぎと横泳ぎくらいしか知らなかったので、クロールと平泳ぎを教えてもらった。70代は、２０００メートル泳げるようになった。それが80代になると変形性膝関節症が進行し右膝は外側に曲がってきて、歩くのも遅くなった。昔は、私は歩くのが早かったのに、今は道を歩いていても後から来た人にどんどん追い抜かれる。悔しいけど、仕方がない。

80代になって、泳ぐ距離を１０００メートルに落とした。それでも苦戦しているのを見ていた若いスタッフが両足に挟むプルブイという器具を使うようにすすめてくれた。プールの脇にビート板とプルブイがたくさん置いてあり、いつでも使えるようになっている。初めはうまくいかなかったが、今はうまく使いこなせるようになり、１０００メートルは常に泳いでいる。まあ、そのうち８００になり５００になるかもしれないが。泳いだ後、ウォーキングプールで歩く。地上では走れないのに、水の中なら走れるので、それだけでも嬉しい。

眼鏡を置いた場所を忘れるのは、しょっちゅうで、いつも探し回っていたが、最近は、ここに置きますよ、と自分に声かけするようになったら、すぐ見つかるようになった。

お〜い、老い、老い、もう少しゆっくり追いかけて来てよ。

（「息吹き」３４７号　２０２２年）

あとがき

私が80歳を過ぎた頃だったか、上田幸夫さんから「本を作ろう」と提案されました。わが家には、ろくな家具などはないのですが、本や原稿や日記や送られてきたニュース類など紙類だけは豊富にあります。私は、これまで書きためてきたものを本にしたいと考えていて、「まぁ米寿までに出版できればいいな」と呑気に考えていました。だが、老いは一気にやってきました。元気だ、元気だと思っていても、疲れることが多くなり、思考力も衰えてきました。

上田さんの叱咤激励がなかったら、とうてい完成しなかったと思います。今まで書きためた原稿は、小学校時代の作文や詩から始まって、膨大にあります。それらを読み返すと、当時のことが鮮やかに蘇り、思い出に耽ることが多くなりました。

戦中・戦後の食糧難、生活苦の時代に親がどれだけ苦労したかと思いますし、アルバイトをいくつもやりながらの大学生活、大学卒業後に米軍基地でタイピストとして働きながら日米の文化や生活の違いを考えたこと、結婚して茅ヶ崎に住んでからの様々な出来ごとを思い返してみると、人とのまじわりやかかわりが私を育ててくれたのだと思います。本づくりは、私のこれまでの人生を振り返るよい機会になりました。ようやく本として出版されると思うと、嬉しさと同時に、こみ上げて来るものがあります。

この本を出版するにあたって、始めから終わりまで、ひとかたならぬお世話になった上田幸夫さん、編集に協力してくださった松崎久子さん、旬報社の熊谷満さん、栗國志帆さんに心から「ありがとう」とお礼を申し上げます。

西山正子

2023年10月

著者紹介

西山正子(にしやま・まさこ)

1936年、鎌倉に生まれる。1959年、横浜市立大学文理学部卒業。米駐留軍PX勤務。1961年、結婚を機に茅ヶ崎市に住む。1970年、家庭文庫を始めるとともに新聞への投書を開始。3人の子どもを育てながら地域文化づくり運動を始める。1975年、市の社会教育講座に参加したことをきっかけに公民館づくりの運動へとすすむ。同年、「茅ヶ崎市に公民館をつくる会」を結成し、代表となる。1983年、茅ヶ崎市議会議員選挙に無所属として出馬し、当選。1995年まで議員として活躍。1995年、「茅ヶ崎市に公民館をつくる会」から「茅ヶ崎の社会教育を考える会」に名称を変更し、現在は共同代表をつとめる。

合気道5段、図書館司書・司書教諭資格、介護福祉士、ホームヘルパー2級などの資格を有する。

地域に教育と文化を　茅ヶ崎の公民館づくり運動

2023年11月10日　初版第1刷発行

著　者　西山正子

装　丁　藤田美咲
組　版　リュウズ
編　集　粟國志帆
発行者　木内洋育
発行所　株式会社 旬報社
〒162-0041 東京都新宿区早稲田鶴巻町544 中川ビル4F
TEL 03-5579-8973　FAX 03-5579-8975
HP https://www.junposha.com/
印刷製本　精文堂印刷株式会社

ISBN978-4-8451-1852-6